グローバル化と法

グローバル化と法
── 〈日本におけるドイツ年〉法学研究集会 ──

ハンス・ペーター・マルチュケ=村上淳一 編

信 山 社

編者はしがき

　本書に収められた15編の論考は、2005年9月29、30日の両日、東京のドイツ文化センターで開催された法学研究集会「グローバル化と法——今世紀の国際的な法秩序に対する日独両国の寄与を考える」において発表された諸報告の日本語ヴァージョンである。アレクサンダー・フォン・フンボルト財団とドイツ学術交流会は、「〈日本におけるドイツ〉年2005/2006」の行事として企画されたこの法学研究集会のために、ドイツ・日本・中国・韓国・カンボジア・タイの著名な法学者と法実務家を招き、日本学術振興会・在日ドイツ大使館・独日法律家協会・マックス–プランク外国私法/国際私法研究所・日独法学会の協力を得て、これを主催した。基調講演と6つの部会の研究報告を中心とする企画を日本側で具体化する仕事は、ドイツ学術交流会東京事務所、及びとくに学術面でマルチュケと村上が担当し、この両名が後に本書を編集することになったものである。各部会における日独の報告は、ドイツ—日本という順序で本書に収められている。なお、会場を移して行われた巻末の After Dinner Speech の訳文だけは、雰囲気を生かすべく「ですます調」になっている。

　法学研究集会が掲げた目標は、「進行するグローバル化は日本法とドイツ法にどのように作用するか？　日本とドイツは形成途上の法秩序や国際的な法秩序に対してどのように貢献しうるか？　さまざまの法秩序はシステム相互の競争と軋轢の増大にどのように対処していけるか？　日独両国の法律家はどのようにして協力関係を強めていけるか？」といった問題提起によって、日独法比較の意義を意識化ないし明確化し、とりわけ日独両国の若手法学者の関心を高めよう、というものであった。期待を上回る約300名の参加を得た研究集会は、各報告者の高水準の報告と、卓越した

編者はしがき

同時通訳により支えられた積極的討論によって、大きな成果を挙げた。そのヴィジュアルな概観は、ドイツ学術交流会によってインターネットで公開されている（ドイツ語版は http://www.tokyo-jura-kongress2005.de/de_index.php、日本語版は http://www.tokyo-jura-kongress2005.de/jp_index.php）。ただし、その概観に含まれる諸報告は、推敲を経ていない。これに対して本書は、日本側報告（オステン氏の日本語によるドイツ側報告を含む）について報告者の加筆・推敲を経た原稿と、ドイツ側報告の訳文作成をも担当した同時通訳者諸氏による推敲を経た邦訳原稿とを収める、日本語版である。日独法学交流の現在の水準を示す本書が、将来も長く参照されるべき学術書として日本における次代、次々代の法学研究者に刺激を与えていくであろうことを、期待したい。

なお、両国の若手法学研究者の接触と意見交換を緊密化するために、法学研究集会に接続する10月1日、「若手研究者フォーラム」がリーゼンフーバー教授（ヴィアドリナ欧州大学）と高山佳奈子教授（京都大学）の呼びかけにより同じドイツ文化会館で開催され、両国の若手研究者が関心をもつ諸問題についての報告と討論が行われた。約50名の参加を得て充実した対話の場となったこの集いの成果についても、Walter de Gruyter 社からの出版が期待されている。また、法学研究集会と若手研究者フォーラムの成果を併せて紹介するものとして、高山佳奈子「〈グローバル化と法〉日独法学研究集会に参加して」法学セミナー613号、Eva Schwittek, Rechtswissenschaftlicher Kongress "Globalisierung und Recht—Beiträge Japans und Deutschlands zu einer internationalen Rechtsordnung im 21. Jahrhundert", Zeitschrift für Japanisches Recht, Nr. 20 がある。

この法学研究集会と若手研究者フォーラムは「〈日本におけるドイツ〉年」の行事であって、法学研究集会の主催者は上記のようにアレクサンダー・フォン・フンボルト財団とドイツ学術交流会であるが、共催者としての日本学術振興会の他、同志社大学EU研究センターからも財政的支援を得た。また、アレクサンダー・フォン・フンボルト財団の主導とドイツ

学術交流会の助力によって実現した若手研究者フォーラムについては、ドイツ側からの支援に加えて河中自治振興財団と河本一郎弁護士からの援助があり、遠方からも多くの大学院学生の参加を得ることができた。アレクサンダー・フォン・フンボルト財団、桐蔭横浜大学西洋法史研究所、同志社大学 EU 研究センターは、本書作成費の一部を負担した。ここに記して謝意を表する。

　京都と東京にて、2006 年 8 月
　　　　　ハンス・ペーター・マルチュケ（ハーゲン通信教育大学＋同志社大学）
　　　　　村上淳一（桐蔭横浜大学）

目　次

編者はしがき

第1部　基調講演 ——————————————— *I*

グローバル化時代における法の役割変化
　　——各種のグローバルな法レジームの分立化・民間憲法化
　　　・ネット化——

　　　　……………………グンター・トイブナー（村上淳一訳）　*3*

　Ⅰ　グローバルな法の分立化（Fragmentierung）（*3*）
　Ⅱ　社会理論から見た法衝突（*6*）
　Ⅲ　衝突する諸レジームを結ぶネット化（*12*）
　Ⅳ　法の統一性から諸レジームの規範的な両立可能性へ（*22*）

　　　基調講演へのコメント

歴史的意味論の文脈におけるグローバル化と法

　　　　…………………………………………… 村 上 淳 一　*25*

　Ⅰ　近代の法理解（*25*）
　Ⅱ　非国家法の復権と「国家なき世界法」（*27*）
　Ⅲ　非同時的なものの同時性（*29*）

目　次

第2部　民法部会 ——————————————————— 33

　ヨーロッパ共通の私法
　　——必要性、発展の軌道、各国の寄与——
　　　　　　……………ユルゲン・バーゼドウ（相澤啓一訳）35

　日本民法学に対するドイツ民法学の影響
　　——個人的研究関心を寄せる3つのテーマを素材に——
　　　　　　…………………………………………松　岡　久　和　47

　　はじめに（47）
　　Ⅰ　不動産物権変動（48）
　　Ⅱ　不当利得（50）
　　Ⅲ　物権と債権の峻別体系（51）
　　おわりに（53）

第3部　公法部会 ——————————————————— 59

　ヨーロッパにおける法の現今の動向
　　——単一経済圏から憲法を有する政治連合へ？——
　　　　　　……………ユルゲン・シュヴァルツェ（松原敬之訳）61

目　次

ヨーロッパにおける最近の法的発展方向
　　──統一市場から政治的連合へ？：特に制度間競合の中における
　　　基本権の意義を中心に──
　　　………………………………………………… 西　原　博　史　73

　Ⅰ　自由、民主制、基本権の価値を目指して (73)
　Ⅱ　基本的人権の様々な機能 (75)
　Ⅲ　基本的人権を保障する最終的責任の担い手 (76)
　Ⅳ　展　望 (79)

第4部　経済法部会　　　　　　　　　　　　　　　　　　　83

Lex mercatoria
　　──万能薬か、謎か、キメラか──
　　　……………………… カルステン・シュミット (松原敬之訳) 85

　Ⅰ　まず、議論の対象の検証から (85)
　Ⅱ　Lex mercatoria の「現実」について──現実と法 (90)
　Ⅲ　Lex mercatoria を法理論に照らしてみれば (92)
　Ⅳ　国家法と自治法──国家には立法の独占権があるのか？ (97)
　Ⅴ　方向性を見いだす試み (99)

xi

目　次

ソフトローとしての lex mercatoria

　　　　　………………………………………………… 神作裕之　*105*

　　Ⅰ　はじめに（*105*）
　　Ⅱ　Lex mercatoria の法源性（*106*）
　　Ⅲ　ソフトローとしての lex mercatoria；機能と構造（*107*）
　　Ⅳ　結びに代えて（*110*）

第 5 部　国際法部会――――――――――――――――――――*117*

世界住民の法へと変貌する国際法

　　　　　………………… フィリップ・クーニヒ（三島憲一訳）　*119*

　　Ⅰ　概念と現実（*119*）
　　Ⅱ　現代の国際法秩序の内容的欠陥（*122*）
　　Ⅲ　欠陥の原因（*124*）
　　Ⅳ　国際法の将来への道（*125*）

グローバル化・法制度化・国際法
　　――国際法はグローバリゼーションを生き残れるか――

　　　　　………………………………………………… 奥脇直也　*137*

xii

目　次

第6部　刑法部会 ─────────────── 149

刑法の国際化
　　──ドイツと日本における国際刑法の受容を中心に──
　　　　　　　　　　……………………………… フィリップ・オステン　151

Ⅰ　はじめに（151）
Ⅱ　国際刑法の発展（152）
Ⅲ　現行国際刑法の概要（154）
Ⅳ　国際刑法の受容（157）
Ⅴ　おわりに──刑法学の課題（161）

越境犯罪と刑法の国際化
　　──問題の素描──
　　　　　　　　　　………………………………………… 井　田　良　165

Ⅰ　はじめに（165）
Ⅱ　日本刑法の国際化──概観（167）
Ⅲ　刑法の国際化に伴う諸問題（170）
Ⅳ　要約にかえて──刑法学の任務（175）

目　次

第7部　法曹養成部会 ——————————————— 179

グローバル化が法曹養成に及ぼす影響
　　　　………… ハンス・プリュッティング（桑折千恵子訳）　181

　　Ⅰ　はじめに（181）
　　Ⅱ　法曹養成におけるグローバル化？（183）
　　Ⅲ　日独共通の歴史（186）
　　Ⅳ　20世紀におけるドイツの法曹養成と2003年改革（188）
　　Ⅴ　ヨーロッパ各国の動向（190）
　　Ⅵ　ヨーロッパ化とグローバル化：ボローニャ・プロセス（193）
　　Ⅶ　教育目標と成果（195）

カンボジアの法曹教育に対する日本の貢献
　　　　……………………………………………… 相澤恵一　197

　　Ⅰ　はじめに（197）
　　Ⅱ　法務省法務総合研究所と法整備支援（197）
　　Ⅲ　カンボジアに対する法整備支援の取組み（199）
　　Ⅳ　カンボジアにおける法曹養成の重要性（200）
　　Ⅴ　王立司法官職養成校の制度の概要（201）
　　Ⅵ　養成校の抱える問題点（202）
　　Ⅶ　養成校に対する支援方針と支援体制（203）
　　Ⅷ　具体的な支援内容（204）

　　　　　　　　　　　　　　　　　　　　　目　次

　Ⅸ　今後の課題と展望（205）

第8部　After Dinner Speech ──────────────── 209

　　Global Governance か、Good Global Governance か？
　　　　　………… ゲジーネ・シュヴァーン（松原敬之訳）　211

　　Ⅰ　Good Governance と人間の尊厳（211）
　　Ⅱ　民主主義にとって危険な、グローバルな経済の越境化（214）
　　Ⅲ　市場が政治の代わりとなるのか？（215）

執筆者一覧 （執筆順）

グンター・トイブナー
Gunther Teubner
（フランクフルト／マイン大学）

村上淳一
（桐蔭横浜大学）

ユルゲン・バーゼドウ
Jürgen Basedow
（マックス・プランク外国私法／国際私法研究所・ハンブルク）

松岡久和
（京都大学）

ユルゲン・シュヴァルツェ
Jürgen Schwarze
（フライブルク大学）

西原博史
（早稲田大学）

カルステン・シュミット
Karsten Schmidt
（ブツェリウス・ロースクール・ハンブルク）

神作裕之
（東京大学）

フィリップ・クーニヒ
Philip Kunig
（ベルリン自由大学）

奥脇直也
（東京大学）

フィリップ・オステン
Philipp Osten
（慶應義塾大学）

井田 良
（慶應義塾大学）

ハンス・プリュッティング
Hanns Prütting
（ケルン大学）

相澤恵一
（前・法務省法務総合研究所国際協力部／現・国連アジア極東犯罪防止研修所）

ゲジーネ・シュヴァーン
Gesine Schwan
（フランクフルト／オーダー大学）

第1部 基調講演

グローバル化時代における法の役割変化
――各種のグローバルな法レジームの分立化・民間憲法化・ネット化――

グンター・トイブナー
村上淳一 訳

I　グローバルな法の分立化（Fragmentierung）

　社会科学においては、将来の出来事の理論的予測はあまり流行らない。まして、予測どおりの出来事が起こるのは稀だというのが、普通である。その注目すべき例外が、1971 年にニクラス・ルーマンが試みたグローバルな法についての予測であった。ルーマンは当時、世界社会という概念を社会理論的に基礎づけたのだが、そのさい、グローバルな法は極端な分立化に至るであろう、そのそれぞれの境界は領土を分かつ国境ではなく、社会のさまざまの分野(セクター)を分かつものになるであろうという「思考実験的な仮説」を、敢えて提示している。仮説の根拠として、ルーマンは、国民国家ごとに組織された社会が世界社会へと変貌するにつれて規範的な予期類型（政治、道徳、法）ではなく認知的な予期類型（経済、学術、テクノロジー）が主役を演ずるようになる、と説いた。

　この仮説を、ルーマンは、システム理論的分析によって補足している。それは、こういう予言である。世界社会の法がそれぞれの社会分野ごとに形成されるということになるならば、全く新たな抵触法、「システム間の抵触法」が生まれるであろう、それが扱う抵触は国際私法のような国家法と国家法の抵触ではなくて、グローバルに伸びているさまざまの社会分野

の間の抵触ということになるであろう。

　それから四半世紀を経て、ルーマンの予言どおりに、互いに独立してグローバルに活動する分野ごとの裁判機構や準裁判機構、その他の紛争解決機構が、雨後の筍のように簇生する。「国際法廷/裁判所プロジェクト」が確認したところによれば、独立の判決機関が下す法的決定によって手続が完了する国際的な制度は、なんと125を数える。グローバルに活動する数々の紛争解決機関の無秩序な並存から、決定相互の矛盾や、規範の衝突や、一貫性を欠く解釈論や、さまざまの法原理の衝突にどう対処すべきかという問題が、ますます頻繁に、判例・学説のテーマになっている。そのさい解決を要するのは、伝統的な国民国家的思考形式は法的紛争を処理するために十分なのか、最広義の抵触法を新規に整備しないでいいのか、という問題である。

　けれども、守備範囲を広げずにすませたいという法学特有の態度が、ここに登場する。それは、規範の衝突を深刻に受けとめず、それを解決するために視野を広げようとはしない。法律家が気にかけるのは、原理的に、政治によって定められた地域単位の自律的な法や、自己充足的な管理体制や、高度に専門化した裁判所だけである。法律家が国際的な法の統一性が脅かされていると見るのは、国民国家において形成されたような概念や解釈論の整合性、明確な規範ヒエラルヒー、裁判所の厳格な審級制度が、世界法には欠けているからである。だから、法律家は、法内部の分立化現象と、法内部におけるその原因にしか注目しない。法律家がヒエラルヒッシュな問題解決ばかりを追求するのも、そのためである。新しい国際法廷が設置された暁にはハーグの国際司法裁判所はその下の第一審裁判所になるべきだ、とする提案もあるくらいだ。

　これに対して、政治的な見方のなかには、分立化の原因をヒエラルヒッシュな審級制度の欠如に求めず、規範の衝突の基礎にはさまざまの独立した国際組織や調整体制によって追求されるそれぞれの「政策」の間の衝突が見て取れる、とするものがある。こうした政治的見方によれば、法規範

の衝突は、国際関係において権力を支えとして「特殊利益」を追求し、全体に関わる一般利益を度外視して思い切った「政策対立」に踏み切るような、新しい集団的アクターの戦略を反映しているということになる。

このように、法中心主義的なアプローチも政治中心主義的なアプローチも、さまざまの衝突の一次元的な説明にとどまり、やはり一次元的な解決を——法的なメタ・レヴェルまたは政治的なメタ・レヴェルで——求めるだけに終わっている。これに対して、私のテーゼは、こうである。グローバルな法多元主義は、政治的多元主義の反映にすぎないものではなく、世界社会の互いに衝突する諸分野間の根底にある全社会的矛盾の表現なのだ。世界法の分立化とは、さまざまの法規範の衝突にすぎないものでも、政策の対立にすぎないものでもない。ここには、世界社会の隅々まで及ぶさまざまの制度化された合理性の間の各種の矛盾が見られるのであって、法は到底それらの矛盾を解消できないが、それらの矛盾は法に対して、規範の衝突との新たな取り組み方を求めるのである。

このテーゼを、3つの論拠を挙げて敷衍しておこう。

① グローバルな法の分立化は、法的・政治的・経済的・文化的というように分けることのできる一体性という捉え方よりも、遙かに徹底したものである。法の分立化は、世界社会そのものの、もっと根本的な多元的分立化の、表面に現れた現象にすぎない

② したがって、世界大の規範的な法統一に望みをかけることは、始めから無駄である。衝突を解消するメタ・レヴェルは、世界法にも世界社会にも見当たらない。将来予想されるのは、むしろ、社会におけるコンフリクトの結果としての、法の細分化である

③ 法の分立化そのものは、克服できない。達成できるのは、せいぜい、諸規範の緩やかな両立性にすぎない。それも、新種の抵触法によって、衝突する諸単位の緩やかな連結に役立つような独特のネットワーク論理が可能になった場合に、限られる。衝突するさまざまの分野のそうしたネット化という形をとってのみ、世界法の民間憲法化

第1部　基調講演

（Konstitutionalisierung）は現実味を帯びてくる。

Ⅱ　社会理論から見た法衝突

　グローバルに見られる法の細分化が世界社会の［社会分野ごとの］分立化による、という事態をもっと詳しく見るには、法のグローバル化に関するさまざまの社会理論的説明の試みを手がかりとするに如くはない。スタンフォード学派の「グローバル・カルチャー」という制度理論、グローバルな法多元主義というポストモダン的な観念、討　議(ディスクルス)の分析によって法と政治にグローバルな性格を認めようとする解釈、「グローバルな市民社会」のさまざまのヴァージョン、とりわけ、機能的分化を遂げた世界社会というシステム理論的な観念……これらの試みがそれぞれに、法の分立化に独自の光を当てる多中心的なグローバル化理解を打ち出しているのである。しかし、それには、全部で六つもある通俗的な社会理論的・法理論的前提を棄てて、なじみの薄い見方をとることが必要である。

1　多中心的な世界社会における合理性の対立

　まず放棄しなければならないのは、グローバルに見られる法の分立化は何よりも経済の国際化の結果だという、広く流布している見解である。それに代わるべきは、多中心的なグローバル化という観念なのだ。この交替を促すのは、社会というものを、いまや国境を超えて世界大に構築されるさまざまの自律的な部分社会システムへと加速度的に分化させていくような、ダイナミズムである。このダイナミズムに従うのは経済ばかりではない。学術も、文化も、テクノロジーも、保健も、軍事も、運輸も、観光も、スポーツも、そして確かに立ち後れてはいるが政治や法や社会福祉も、それぞれの発展コースをたどりながら、いまや、それぞれが独自の世界システムになっているのだ［Fragmentierungを「断片化」ではなく「分立化」と訳す理由］。ところで、ここでの議論との関係で重要なのは、こうしたさま

ざまのグローバル・ヴィレッジの外部関係、すなわち相互の関係やその他の環境との関係である。それが調和的な関係だとは、とても言えない。「文明の衝突」という言い方は、ここにこそ当てはまる。さまざまのグローバルな機能システムは、〈作動の閉鎖性〉[ルーマンのシステム理論の基本概念の一つ]によって、自己固有の合理性を徹底的に貫くための、みずからの自由度を生み出す。その自由度を、それぞれの機能システムは、他の社会システムを顧慮せずに、また自己の自然環境や人間的環境をも顧慮せずに、余すところなく利用する。ここに潜む危険を、近代の多神論という観念を用いて解明し、それが合理性同士の物騒な抗争に至るということを分析したのは、マックス・ヴェーバーであった。今ではむしろ、討議同士(ディスクルス)の衝突について語られる。自分とは直接の関係がありそうもない高度に専門的なグローバルシステム、たとえば学術システムやテクノロジー・システムの、社会や人間や環境にとってのリスクが、広く一般に知られるようになっているのである。ニクラス・ルーマンの主要なテーゼは、今日の危機の根底にあるのは世界大に構築されているさまざまの機能システムによる固有の合理性の極大化であり、そのおかげで人間と自然と社会は危殆に瀕しかねない、というものなのだ。

2　世界法システムと法際性（Interlegalität）[international を国際的と訳すのに合わせた造語]

　法の分立化と社会分化の関連をもっと詳しく理解するために次に必要なのは、厳密な意味の法システムは国民国家のレヴェルでのみ[国家法として、ないしは国民国家間の壁を前提とする国際法として]存在するという前提を、棄てることである。法もまた、機能的分化の論理に従って、一体的な社会システムとしてグローバルに[国民国家の壁にとらわれることなく国家を超えた世界社会の法として]構築されうるのである。ただ、世界法の統一性は、もはや国民国家の場合のように構造的に、裁判所のヒエラルヒー[審級制度]によって確保される一貫した規範構造によって基礎づけられ

るのではなく、全く異質な法秩序にも〈拘束力ある法的妥当(ゲルトゥング)〉を及ぼすための［たとえば、経済のグローバルな法秩序に環境保護のグローバルな法秩序の要求を受けとめさせるための］〈法的作動の連結モード〉によって、手続的にのみ基礎づけられる。これは、社会の諸セクターへの分化がグローバル化するに至ったことの間接的な結果に他ならない。グローバルなレヴェルでも法の統一性が達成されないわけではないが、それは数多くの根本的な規範対立を伴うということを考えておかなければならない。世界法において、法の統一性は、規範の一貫性から作動の「法際性」へと切り替わるのである。

3 　世界法の〈一斉進化的な［国家の如何を問わない］内部分化〉

　何世紀もの間、この内部分化は国民国家の政治の文法に従って、〈それぞれが領域単位の通用(ゲルトゥング)を要求する多数の国家法秩序〉という形をとってきた。ようやくこの百年、当初は国際条約によって生まれながら独自の法秩序として自立性を獲得するに至ったさまざまの国際組織［たとえばWTOやWHO］や規律レジーム［たとえばISO］が加速度的に広がり、時代を画することになった。国家単位の法への分化は、いまや分野ごとの分立によって覆われてしまう。

4 　自律的な「民間の」法レジーム

　しかし、それだけではまだ、法の分立化を完全に理解したとは言えない。なぜなら、グローバルな規律体制と言うだけでは、世界法の領域ごとの分化から分野ごとの分化へという基本的変化をとらえることはできるものの、その変化はまだ、国民国家間の国際法的合意に基づく各種の法レジームから導かれるにすぎないからである。こうした変化と同時に非国家的な「民間の」法レジームが急激に成長していることが、全く視野の外に置かれているのだ。それが「国家なきグローバルな法」を生み出してはじめて、グローバルな法多元主義の［国家法の多元性にとどまらない社会分野ごとの］

多次元性(マルチディメンショナリティー)が基礎づけられるのである。そのことを正しく理解するには、グローバルな法ももっぱら国家による定立と強制を——国内法の法源によると、[国家によって]公式に承認された国際法上の法源によるとを問わずに——妥当(ゲルトゥング)の条件とする、という通念を棄てなければならない。ここで、われわれは、グローバルな社会の分立化が法に及ぼすもう一つの劇的な作用に直面するわけだ。その作用とは、国家法及び国際法の法源よりももっと広い法源概念をとらざるをえなくなる、ということである。さまざまの「トランスナショナルなコミュニティー」、たとえば経済とか学術とかテクノロジーとかマスメディアとか医療とか教育とか運輸とかいった、それぞれに[国境を超えて広がる]自律的な部分社会(ゲゼルシャフツフラグメンテ)が、国家制度や国家間制度によっては満たされない厖大な規範需要を生み出す。それらのグローバルな部分社会は、国家制度や国家間制度を当てにせず、その需要を自分で満たすのである。グローバルな民間レジームがみずから実体法を定立する傾向が強まる。さまざまの民間レジームが、国家中心的な法定立、すなわち国家法の定立や国際法の定立の枠外で、独自の法源をもつことになる。

　今日最も顕著な自律的レジームは、国際経済のレークス・メルカトーリアと、インターネットのレークス・ディギタリス[ディジタル法]である。しかし、この関連では、その他にも数え切れない民間または半官半民の規制機関や仲裁機関が、グローバルな妥当要求を掲げる自律的な法を定めていることを、指摘しておかなければなるまい。それらは、「民間の」(プリファート)レジーム(「社会的な」(ゲゼルシャフトリヒ)レジームと言った方がいいかもしれない[訳文ではprivatを「私的」ではなく「民間の」と訳すことによって、「社会的」というニュアンスを含めている])として、国際関係の理論において流布しているレジーム概念から明確に区別されるものである。後者は、レジームを「所与の問題領域においてアクターたちのさまざまの期待を収斂させていく原理・規範・規則・決定手続」として定義することにより、法的要素と政治的要素を混同してしまっているが、そこに見られる政治中心主義は、民間の自律的レ

第1部　基調講演

ジームにとって適切ではない。適切な表現を採るとすれば、「ポストナショナルなフォーメーション」ということになる。古典的なレジームとの種差は、「民間のレジーム」が、きわめて多様な部分社会それぞれの自己-法化の成果だという点にある。

5　中心／周縁

　これによって同時に、古典的な〈法規のヒエラルヒー〉の破産がプログラミングされる。しかし、法規のヒエラルヒーに代わって登場するのは、何だろう？　それは、中心と周縁の差異である。法の中心には裁判所が位置するのに対して、自律的な法レジームの周縁には、政治的・経済的・組織的・宗教的な諸レジームがある。法の周縁がこれらの自律的社会分野に接するところで、いろいろな法形成メカニズムが形成される。標準化された契約、専門職団体の協定、形式を整えた組織の手順、技術的・学術的な標準化、習慣的な規格化、NGOの非公式的合意、メディアや一般世論、等々。これらのレジームは、国家法や国際法の二次規範［法形成メカニズム］とは根本的に異なる独自の二次規範をもっており、全く自足的な（セルフ・コンテインド）レジームを成しているのである。

　このようなレジームと、それぞれに対応する社会分野固有の論理との間には、構造連結の関係があるので、別々の社会分野に関連するレジームとレジームが、法システムの内部で社会分野の対立を再生産することは避けられない。レークス・メルカトーリアの標準契約は世界市場の経済的合理性を反映しており、とりわけ、保健システムの合理性に従うWHOの規制と衝突する。世界的に組織化された技術者団体の建設法（レークス・コンストルクティオーニス）は、国際環境法と衝突する。WTOの紛争処理機関に持ち込まれた事件においては、しばしば人権レジームと環境レジームと経済レジームが衝突する。それどころか、社会における合理性の対立はきわめて激烈なので、グローバルな法の中枢としての裁判機構まで持ち出されることもある。その場合、さまざまのレジームごとの法廷をヒエラルヒッシュに統一することも、さ

まざまのグローバルなレジームの概念的・解釈論的統一を図ることも、対立の激しさからして、およそ期待できない。グローバルであるかのように描かれる裁判機構は、法の周縁の特殊化したレジームときわめて緊密に結びついているので、グローバルな法の——随所で批判される——分立化をもたらすしかないのだ。

　6　法の衝突は、憲法によって確認されることにより本格的に増加する。憲法規範の実定化は、グローバルなレヴェルでは、政治システムからさまざまの社会分野に広がり、これらの分野が政治的憲法規範とパラレルの民　間　社　会的憲法規範を生み出す。憲法的多元主義という観念によって、国民国家の埒外の公　共　体について語ることもできよう。公共体は、むろん制度化された政治という狭い意味で理解されてはならず、まさに「非政治的」・民間社会的なフォーメーションをも意味する。たとえば経済や学術や教育や保健制度や芸術やスポーツにおいて、グローバルな立憲化プロセスが進行する。こうしたプロセスにおいて、自　足　的なレジームは自　己　立　憲的なレジームとして確立される。自足的レジームは、政治的憲法（それは、単に上位の法規範が実定化されたものというだけではなく法のリフレクシヴなメカニズムと政治のリフレクシヴなメカニズムとの構造連結として理解さるべきものである）と、文字どおり肩を並べられるようになってはじめて、厳密な意味で憲法的規範になったと言えるのである［「リフレクシヴなメカニズム」とは、たとえばサーモスタットのように不断のフィードバックによって外部からの刺激に反応していくメカニズム。「構造連結」とはそのようなメカニズムをもつシステム同士が緩やかに、または緊密に連結している状態］。自己立憲的レジームを定義すれば、こうなる。それは、法のリフレクシヴなプロセスを（政治に限らず）他の社会領域のリフレクシヴなプロセスと結びつけるものである。言い換えれば、それは、システム間の連結制度として、二次的法規範化［法形成のメカニズム］を経由して法をさまざまの自律的な社会領域におけるさまざまの基本的合理性の原理と

第1部　基調講演

関係づけるものなのだ。これ［法と他の社会分野の区別から出発する「自己立憲的レジーム」］に対して、さまざまの民間憲法(ツィヴィールフェアファッスンゲン)においては、［法と他の社会分野との構造連結ではなく］それぞれの社会的分野ごとに、二次的法規範化［法形成メカニズム］とリフレクシヴなメカニズムとの構造連結が実現される。すなわち、自律的レジームの非国家的・非政治的・民間社会的な立憲化が実現されるのは、リフレクシヴな社会プロセスがその自己適用［みずからのリフレクション］によって自律的に社会的合理性を成立させ、それがさらに、自己のリフレクシヴな法プロセス［自前の二次的法規範化＝法形成メカニズム］と結びつけられること（規範化の規範化［社会的合理性という規範の法規範化］）によって法化するに至る場合である。こうした条件の下ではじめて、厳密な意味で世界経済の憲法や、教育・学術システムのグローバルな憲法や、インターネットのディジタル憲法の、諸要素について語ることができるのだ。社会諸分野の自律的な法化という機能から、憲法の典型的な構成要素が導かれる。それは、決定過程の設営と実行（組織規則と手続規則）、個人の自由／社会的自律とシステムとの間に引かれる境界の定め（基本権）である。

　こうしたさまざまの前提——多中心的なグローバル化、世界法システムの諸分野への分化、政治をバックにしたレジームと民間社会のレジーム、世界法における中心と周縁の区別、レジームの立憲化——をたどってきて初めて、法の分立化についてどうにか理解したと言うことができる。グローバルな法の分立化は正真正銘の憲法紛争を伴っているのだが、それはつまるところ、さまざまの自律的な法レジームによって媒介されてはいる、そして遡れば世界社会において制度化されているさまざまの合理性の衝突に、起因するのである。

Ⅲ　衝突する諸レジームを結ぶネット化

　そういうわけで、あらゆる希望を棄てよ（Lasciate ogni speranza.［ダンテ

『神曲』])。ヒエラルヒッシュな組織による統一や、概念の駆使による法解釈論的統一に希望をかけても、すべて無駄であろう。世界社会が、分立化によって特徴づけられる「頂点も中心もない社会」だという社会理論的見方によれば、そうなるのである。政治に中心がなくなって以後、社会の分立状態を調整する役目を引き受ける社会機関はもはや見当たらない。まして法は──世界法の分立化を前提としてそれをまとめるという間接的なやり方によるとしても──そんな任務を引き受けられない。法のヒエラルヒーが崩れてしまって以後、現実的なのは、完全にヘテラルヒッシュな［上下の位置づけではなく横のコミュニケーションによる］法にとってのチャンスだけなのだ。それは、分立化したさまざまの部分的法秩序の間に緩やかな連関を作り出すような、法である。

　私のテーゼは、こうである。この〈緩やかな連関〉は、事実としてすでに存在するさまざまのネット化を規範的に強化するような、さまざまの法レジームを結ぶネット化によってのみ形成しうるものである。法の外部ではそれぞれの社会的自律領域をそれぞれのレジームとネット化することによって、また、法の内部ではさまざまの社会的にネット化されたレジームを相互にネット化することによって。これに関しては、国際法はネットワーク理論の最近の発展に手がかりを求めることができよう。ネットワーク理論は、ヘテラルヒッシュな連携関係を見せる諸要素の行為論理、多様性のまとまり（ウーニタス・ムルティプレクス）を、詳細に論じているからである。それは、自律的な行為論理を、相互の境界を超えて結びつけるのに役立つ。

　さまざまの法レジームのヘテラルヒッシュなネット化の、三つの指針を挙げておこう。
　① 法の完全にヒエラルヒッシュな一体性に代えて、さまざまの法秩序の、単に規範的な両立性を。
　② 自律的な部分的法秩序相互の刺激と観察とリフレクションによる法形成を。
　③ 世界法を民間憲法化する方法としての非中心的［相互関係調整的］な

第1部　基調講演

紛争解決を。

1　国際紛争［国家間の紛争］からレジーム間紛争へ

ここで出されるのは、二つの典型的な問いである。第一に、ヒエラルヒーの条件（全体を拘束する決定、集中された権限、ヒエラルヒッシュに重ねられた事項という観点）が欠けている場合、どう対応すればいいのか？　答えを抽象的に言えば、ネットワークによって結ばれるものの相互的観察によって、である。拘束力ある最終決定に代わるのは社会における観察の立場の多数性なのだ。それらの立場は互いに再構築をもたらし、結び付き合い、影響し合い、制約し合い、管理し合い、改革へと誘い合うが、実体的な規範について集団に共通する決定を下すことはない。第二に、たとえば著作権とかサイバーローとか人権とか環境法とかいったトランスナショナルな規律対象について、どのように決定すればいいのか？　答えを抽象的に言えば、国家法として定立された規範をできるだけ有権的に再現する態度を棄てることによって、である。領域的な秩序づけモデルによらずに、各分野のレジームごとに分けて考えることが必要なのだ。これら二つの対応を、著作権を例にとって概観しよう。

〈1の実例〉トランスナショナルな著作権

国際的な著作権法の抵触法判決は、伝統的に、領域性原理に従っている。この原理は、何よりも、1886年のベルン条約に示されている。しかし、この条約の規律方法は、サイバー革命やメディア技術の革新や学術・芸術のトランスナショナル化がもたらしたものに、対応できなくなっている。だが、それらによって示された調整努力にもかかわらず、統一的な国際著作権法は未だに存在しないのである。基準となるのは依然として、領域ごとの、国によって異なる著作権保護なのだ。

それでは、上述の「ニュー・アプローチ」によればどうなるのだろう？　このケースにおいては、伝統的な国際手続法と国際抵触法を、国家法秩序間の衝突から、（WIPO［世界知的所有権機関］やWTOやEG［ヨーロッパ共

同体] と、さまざまの国家法との衝突にさいして見られるような）分野ごとのレジーム間の衝突に移して考えるということになる。領域性から「機能ごとのレジームへの帰属」へのこうした切り替えは、さらに、この機能的連結という論理が〈適用すべき抵触規範〉にも適用される［抵触法ももはや国家法ではなく分野ごとのレジームの法である］ということを意味する。裁判所がトランスナショナルな法的問題を処理するにさいして国家的法圏を認め合うことから生ずる問題［いわゆる連結点によってどの国家法を適用すべきかを決めるという問題］は、適用すべき領域単位の法［とくに国家法］を求めるのではなく当該の法的問題がどのレジームに属するかを問う抵触法によって取って代わられる。そのさい、この［新たな］抵触法は、当該のレジームと他のレジームとの抵触状況を調べる一方、本質的に国家的、国際的、またはトランスナショナルな法形成メカニズムの並存に逆らう［さまざまの非国家的なレジームを含むレジーム間の抵触として一元的に処理する］のである。

　もっとドラマティックなのは、抵触規範から実質規範への切り替えという、次の一歩である。国際私法がそのような「実質法アプローチ（substantive law approach)」をとるのは、係争事件のトランスナショナルな性格からして何らかの［国家的］法秩序の法的問題としてのみ扱うことができないような、きわめて例外的な場合だけである。しかし、レジーム間の抵触という場合は、原則と例外の関係が逆転する。主として一つの［非国家的］レジームにのみ属するような紛争は、むしろ稀な例外なのだ。通常見られるのは二つのレジームに関わる紛争であって、それが両レジームによって重視される場合である。その場合、レジーム間の抵触法自体が実質法を生み出すしかない。しかも、それは上位の機関なしに行われるのである。その結果生ずるのは、それぞれのレジームの法機関が、自身、法的衝突の当事者でありながら、両レジームに共通する実質規範を生み出さなければならないという、パラドクシカルな状況である。

第1部　基調講演

2　政策対立から合理性の衝突へ

抵触法において展開された「政治的利益アプローチ（governmental interest approach）」は、関係国の政策対立を法的利益衡量に服させることによって、単なる規範対立の形式主義の克服に成功したが、それだけでは不十分である。衝突するレジームには、上述のように、国際条約によって構築された、明示的に政策実現を追求する政治的・規律的なレジームもあるが、さまざまの社会分野から出てきた自律的な民間管理レジーム（国家なきグローバルロー）もあるからだ。そうである以上、いま生み出すべき抵触法を、衝突状況において異なる政策を再構成し調整するものとして限定するわけにはいかない。法は、基礎にある社会的対立を念頭に置かなければならない。

それは、まず、次のことを意味する。衝突するのは何か？　関係するレジームの――すなわち政治的規律を行うものも民間社会の枠内にとどまるものもあるさまざまの国際組織や、関係諸国の――諸規範が衝突するというだけのことではない。さまざまの社会システムの基本的組織原理が互いに衝突するのである。機能的な［さまざまの機能の分化に対処する］抵触法は、世界社会において衝突するさまざまの機能システムを、それぞれが法との構造連結関係にあるという側面をとらえて法的に両立させる。それは、世界社会の学術や技術や経済や教育や宗教等々の各分野においてそれぞれの規範的予期が生まれ、それぞれの法秩序ごとに法化されるということである。こうして、［国家法ないし国際法が立脚する］領域的分化が機能的分化に基づくレジームへの帰属に切り替わるかどうかは、機能的分化を前提とするレジームの論理がそれぞれの主要なフォーラムにおいてどこまで理解されるかに懸かっている。「トランスナショナルな著作権」の分野においてはWIPOやWTOやEUやさまざまの国家法の間に見られる潜在的な衝突状況が、その限りで回避の方向に導かれねばならない。それ自体としてヘテラルヒッシュなこの政治モデルを再ヒエラルヒー化しようと試みるべきではなく、基礎にある合理性の対立に遡って考えるべきである。結論として、対立が生じた場合には学術の合理性、技術の合理性、芸術の合理

性、経済の合理性等々を両立させること、さまざまの組織や国家の政策に対応するだけですませないことが、肝心なのだ。その両立化技術を、医薬品の特許権保護という問題を例にとって説明しよう。

〈2の実例〉医薬品の特許権保護

2001年、アメリカ合衆国は、ブラジルにおける特許権保護の状況を審査するためのWTOパネルの設置を申請した。ブラジルは、権利者［特許の許諾実施権者］がブラジル国内で薬品生産を行わない場合について、特許の裁定実施権を定めていた。すなわち、ブラジル特許法68条以下は——とりわけ住民の健康が疫病によって脅かされ、有効な薬品の世界市場価格が高すぎる場合に限ってではあるが——国内におけるジェネリック薬の生産を許していたのである。この紛争の基礎には、二つの国際組織の政策対立よりもはるかに深い合理性対立がある。抗HIV薬の特許権保護という問題で衝突したのは、世界社会の二つの行為分野、すなわち経済と保健それぞれの基本原理であった。

* これは、二つの領域国家的または制度的な特許法的解決のどちらを選ぶかという問題ではなく、グローバルな特許法の実質規範を準裁判官法的に形成するという問題である。
* これは、WTOとWHOのような国際組織の現時の政策を参照すればすむ問題ではなく、紛争解決機関が最終的に、基礎にある合理性対立に遡ってその両立化を試みなければならない。
* この紛争は、決着をつける上位の機関がない以上、対立するレジームの一方（この場合WTO）によって解決される他はない。しかし、それと競合する行為論理（この場合保健政策の原理）が限界を引くものとして、経済法の文脈に導入されなければならない。

つまり、保健措置が一定の状況においては経済の圧力を免れるということになる。特許権保護の定めは経済的合理性に従うものであっても、保健システムの文脈内で生み出される社会的規範に違反するというのが、その理由であった。国連人権委員会決議2001/33は、そのような紛争解決を指

17

第1部 基調講演

示している。したがって、ブラジルのエイズ対策プログラムのような措置は、特許法の保護基準がそのようなケースに適用不能とされる限りで、経済の論理に従わない例外とされる。要するに、経済分野と保健分野の関係における抽象的・一般的な非両立的規範を［具体的に］展開してWTO法とUN法をトランスナショナルな特許権法の一部とし、相容れない行為論理の間の破滅的な対立を防ぐことになったわけである。

 3　一般的な強行法からレジーム独自のトランスナショナルな公序へ
　レジーム間の抵触法にはヒレラルヒッシュな上位の機関などないという現実認識から出発するならば、自律的な諸レジームから成る原理的にヘテラルヒッシュな秩序における抽象的法原理の妥当(ゲルトゥング)は如何にして可能か、という問題に直面することになる。トランスナショナルな法における強行法の妥当は、国際法的基礎の上に樹立された政治的・規律的レジームにとっての問題であるばかりでなく、何よりも、自律的な民間管理レジームの問題なのである。これについては、二つの極端な見方に走らないようにしなければならない。多中心的な世界法にとっては、さまざまの法秩序をヒエラルヒッシュな上下の序列として位置づけることも、世界法とは世界社会の真空状態において作動するさまざまの自足的システムと共に出現し機能するレジームだと考えることも、不適当である。中心的機関による調整や、閉ざされたレジームの自足性ではなく、対立する二つの要請を組み合わせるネットワーク論理が重要なのだ。一方では、ネットの結び目の自律的・非中心的なリフレクションと、その人間的・自然的な環境との両立化を、目指さなければならない。他方では、こうした非中心的リフレクションを互いにネット化して、すべてのレジームが共通の基準点と、抽象的ながらも共通の意味地平とを前提とし、それを参照しながら規範を作り出せるようにしなければならない。任意に変えられないものとして想定された意味地平には、共通の基礎とされる所与のテクストはない。共通の用語規則も見当たらない。［それがあるかのように論じられる］別の社会的文脈で

は、「国際的公序」とか、「命令的ルール」とか「トランスナショナルな公序」とかいう語が用いられているのだが。

これらの概念はすべて、法的にいう公共善(ゲマインヴォール)の、それぞれの関連を示している。これらの定式の統一性は、明らかに、グローバルな非任意法(ユース・ノン・ディスポジトゥム)が共通のテクスト化された意味地平をもたないこと、しかし言葉の多様性が共通の妥当核心(ゲルトゥングスケルン)という想定(正確に言えばフィクション)を可能にしていることに、認められる。だから、多様なレジームの文脈において公共善のさまざまの定式が基準とされているとすれば、決定的に重要なのはそれらの基準点を合致させることなどではなく、さまざまのレジームの自己組織化プロセスを刺激してグローバルな非任意法のためのそれぞれ独自の言語規則を形成させることである。そのように刺激する役割は、部分的な世論によるスキャンダル化、国際政治による圧力、さまざまの自律的な法レジームの相互協力といった、多種多様なプロセスによって果たされる。

〈3の実例〉建設法(Lex Constructionis)

レークス・コンストルクティオーニスと、それによる──トランスナショナルな建設プロジェクトについての──標準契約は、少数のしっかり組織された団体、すなわち国際コンサルティング・エンジニア連盟(FIDIC)とヨーロッパ建設業連盟(FIEC)、それにレークス・コンストルクティオーニスの法規充実を目指す若干の国際法律事務所によって、支配されている。自律的レジームのこの実例が投ずる多数の法的問題から、ここではグローバルな非任意法の問題を取り上げよう。分立化したグローバルな法をグローバルにヒエラルヒー化するという非現実的な構想に代わって、その人間的・自然的環境に対するレジーム内部の答責性の構築が、広く要請される。すなわち、機能ごとのレジームが、それぞれ独自の非任意法を作り出さなければならない。

経済レジーム、学術レジーム、技術レジーム、保健レジーム、文化レジーム、宗教レジームは、それぞれ〈手をつけるべきでないもの〉のための基

第1部　基調講演

準点を形成しなければならない。このプロセスは、レークス・コンストルクティオーニスがそこから分かれてきたレークス・メルカトーリアにも見られるところである。レークス・コンストルクティオーニスによって結ばれる契約がいかなる法を適用するかに関わりなく、また、いわゆる特殊連結理論の主張者が契約以外の場合についても顧慮すべきだとする特殊的国家利益にも関わりなく、もはや領域に結ばれた政治構想を念頭に置かないレークス・メルカトーリア独自の、万人にとっての法生成が認められるのである。レークス・メルカトーリアは独自の〈手をつけるべきでないもの〉を生み出し、仲裁裁判は独自の公序を適用せざるをえなくなる。

4　先例の拘束力から一応の敬意へ
　　　　　ステア・ディサイシス　　ディフォールト・デファランス

トランスナショナルな法のネットワーク論理は、最上級審の判決の拘束力に代わってさまざまの自律的レジームが相互観察関係に入ることを要請する。このような多中心的システムにおいて、法的安定性は、法の中心にある裁判のヒエラルヒッシュな審級制度によって得られるのではないのであって、不確実性の吸収は、法的決定と法的決定の接続が反復されていくことによってのみ、或る程度まで実際に期待される。それは裁判における先例の拘束力という伝統を受け継ぐものではあるが、重要な点で伝統との差異を見せるものである。

〈4の実例〉行方不明化（desaparición）

アルゼンチンの軍事独裁時代（1976－1983）、行方不明者として消されてしまった人々は、約三万人に上る。その後の転換期に、アルゼンチンはまず大赦法を制定し、犯人たちの刑事責任を問わないことにした。しかし、2003年8月、アルゼンチン国民議会は、転換期のアルフォンシン政権の二つの大赦法の無効を宣言した。

われわれの関心を惹くのは、世界法システムがアルゼンチンの行方不明化ケースをどう受けとめたかということである。法律家に突きつけられたこの問題を簡単に言えば、どのような管轄権によって、どのような法制に

よるどのような犯罪が、内政干渉の非難をどのように躱して、裁かれるかということである。「行方不明化」ケースは、二度と繰り返さないようにするためにも不安を解消するためにも、国際刑法が不測の事件に対処するための教訓になる事例なのだ。

　行方不明化という犯罪については、数多くの判決が下されてきた。この問題は、さまざまの事件について、さまざまの裁判所（各国の裁判所、米州人権裁判所、欧州人権裁判所、ボスニア・ヘルツェゴヴィナ人権委員会）によって扱われた。そのさい、トランスナショナルな禁止規範が──［南アフリカの］真実・和解委員会（WVK）最終報告53項では強行法としてさえ──登場し、また、それらの判決がアルゼンチンの裁判所によって受け継がれたが、注目されるのはそればかりでなく、とりわけ、いろいろなレジームに属するさまざまの裁判所が互いに観察し合ったという事実である。それらの裁判所が明示的にネット化されたわけではないが、現に生じている転換状況へのインフォーマルな言及はしばしば見られ、そのことによって、先行する諸判決により打ち出された見方が採用されたのである

　したがって、分立化をめぐって国際法学者が展開している議論は、問題のヒエラルヒッシュな解決を探るかぎりで、的はずれなのだ。そこで、ネットワーク論が提供するのは、ネットのさまざまの結び目の相互観察はネット全体の集団的意思形成として行われるのではなく、結び目の決定が他の結び目の決定の前提としてその一部になるような継起的関係に立つにすぎない、という洞察である。だから、決定的に重要なのは、単なる外部観察をネット内部の観察たらしめる拘束効果がどのようにして生ずるのか、という問題なのだ［スペンサー・ブラウンからルーマンに受け継がれたリ・エントリーないし内部転写の問題］。これは、法律学における〈先例の拘束力〉の問題である。先例によるグローバルな法的拘束というスキラと、単なる説得力、まして調和をめざす方法に依拠するだけの先例観念というカリブディスとの間に、水路があるのだろうか？　実際、「一応の敬意」は、国際的なレジーム裁判所の判決が互いに先例として性格をもつものと推定さ

第1部　基調講演

れることを、示している。〈一応の敬意〉は、拘束力を推定させるにとどまる限りで、フォーマルな〈先例の拘束力〉よりも弱いけれども、先例から逸れるにはしっかりした根拠を挙げなければならない限りで、単に説得的な先例というよりは強い観念だと言える。これは、ネットワークとフォーマルな組織がそれぞれどれだけ不確実性を吸収するかという、よく議論されたテーマ、すなわち説得力ある根拠による先例からの逸脱が例外的に認められるようなケースは減少傾向を見せているのではないかというテーマに、連なる問題である。この推定は反論可能であって減少傾向など認められない。そうだからこそ、先例の事案との違いを指摘したり先例を覆したりするさいに、根拠づけや正統化が必要とされるのだ。

IV　法の統一性から諸レジームの規範的な両立可能性へ

　以上に論じてきたことは、さまざまの自律的レジームとしてトランスナショナルに分立する法の、新しい自己理解にとって何を意味するであろうか？　こうした状況において、世界法の立憲化という理念はなお維持されるであろうか？　結論はこうである。法の分立化との取り組みに向けられた要求の高すぎる水準を、大幅に低めなければならない。法の分立化は法自体に由来するのではなく、社会的環境に由来するのだから。国際法の統一を達成しようなどとは思わずに、分立するさまざまの法分野の単なる両立性を達成するにとどめなければなるまい。法は、分化した世界社会の統合という幻想ではなく、せいぜい損失の限定を実現できるにすぎない。法的手段によっていろいろな社会的合理性の矛盾を調和させることはできないのであって、法はせめて——国際法についての適切な言い方を少し変えて用いるなら——「さまざまの社会システムの穏やかな教化者シヴィライザー」として働くことしかできないのだ。さまざまの矛盾は避けられないが、「いろいろな〈法アリーナ〉の両立性を保つこと、互いにとって透明なものにするということが、法システムの新たな自己観察形式・自己記述形式の任務に

他ならない」。分立化した世界法を立憲化するチャンスは、そこにある。現実的に見るなら、法にできるのは、さまざまの合理性の衝突の自己破壊的傾向を法的「形式化」によって阻止することだけである。法が社会におけるさまざまの合理性の衝突そのものと取り組んで成果を挙げることなど、どうしてできよう？　うまくいくのは、上記の実例に見られるように、そうした合理性の衝突の限定された一部だけでも法律問題〔クワエスティオー・ユーリス〕に翻訳し、それによって平和的解決のフォーラムを提供する場合なのだ。しかも、その場合も、法は上位の調整者として働くのではない。全面的支配の傾向や一方的な圧政に抗して、相互的な自律を法的形式によって保証できればそれだけでも、たいしたことである。社会の分立化がもたらしうる危険に対しては、法は相互の損害を埋め合わせる一方で人間的・自然的な環境に対する加害を阻止するという任務への、自己限定をせざるをえない。その意味で、さまざまの衝突するレジームをネット化すること、中心をもたない紛争解決を実現していくことは、世界法を立憲化する一つの現実的なチャンスなのである。

歴史的意味論の文脈におけるグローバル化と法

村 上 淳 一

I　近代の法理解

　法とは権力によって支えられた規範であるとすれば、法と権力それぞれの在り方の間にも密接な関係が見出される。集権化がまだ不徹底だったヨーロッパ中世においては、地域的諸権力が自力行使に訴えてでも主張するさまざまの個別的権利の、相互的義務づけとしての契約複合が、法であった。初期近代においてようやく、法とは権利者たちの契約複合ではなく支配者ないし国家の命令であるという見方が、徐々に優勢になる。17世紀の半ば、この新しい見方に基づいて、法（law, lex）を権利（right, ius）から明確に区別しなければならないと説いたのが、ホッブズであった（『リヴァイアサン』1651年、ラテン語版1668年[1]）。その区別に立脚して、ホッブズは、法を ius civile ではなく lex civilis と呼んでいる。その限りで、ホッブズのいう lex civilis, civil law をドイツ語で bürgerliches Gesetz と訳すのも、日本語で「市民法」と訳すのも、問題なしとしない。ホッブズが lex civilis と言うとき、念頭にあるのは古代ローマの ius civile ではなく、権力を独占する国家の「法命令」、すなわち「国家法」だったのだから。

　1691年、すなわちアムステルダムで『リヴァイアサン』のラテン語版が刊行されてから20年あまり経って、ドマの浩瀚な著作『自然的秩序における民事諸法』[2]がパリで刊行された。そこでは、lois civiles は、責務（engagemens）と相続（successions）の両分野を含む民事諸法と訳すべき

ものとなっている。注目すべきは、ドマがまとめた当時のフランス慣習法において、「合意は契約を法たらしめる（Conventio legum dat contractui.）」というローマ法の原則が命脈を保っていることである。ドマはこれを「合意は法に代わる（Conventions tiennent lieu de loix.）」という形で定式化し、この原則の前提として「責務（engagemens）は法に代わる」という一般的な命題を唱えている。後にサヴィニーが『占有法論』（1818 年の改訂増補第 3 版[3]以降）で指摘するように、ドマは当初、アンガジュマン概念に、さまざまの債務のみならず、婚姻や親子のような身分関係に基づく責務をも含めていた。ドマは言う。「人間は誰しも国（société）という団体（corps）の一成員であるから、自己の義務（devoirs）と、各人の身分（rang）やその他の責務（engagemens）に基づいて定められた自己の役割（fonctions）を、果たさなければならない。それゆえ、各人の責務はそれぞれにとって、あたかも、自分が従うべき本物の法律のようなものである」[フランス語は当時の表記]。この解説は、アンガジュマンの概念を、諸権利の相互的義務づけのネットワークという中世的法観念からホッブズ的な国家法の観念への移行の姿でとらえようとするものではあるまいか。ドマが責務の各論的部分において実際上債務（obligations）のみを扱っている（婚姻や親子の関係に基づく責務は論じられていない）ことも、この移行を端的に示している。

その 200 年あまり後、ドマに負うところ多大であった 1804 年の Code civil は、ローマ法からドマに受け継がれた「合意は法に代わる」という言い方を改めて、「適法に形成された合意はそれを成した者たちにとって法律に代わる（Les conventions légalement formées tiennent lieu de loi à ceux qui les ont faites.）」（1134 条）という表現をとることにより契約の拘束力を当事者間に限定しようとしている。おそらくこうした背景を意識すればこそ、サヴィニーは 1840 年の『現代ローマ法体系』第 1 巻[4]で、契約という「法制度」（Rechtsinstitut）及びそれから導かれた「法規則」（Rechtsregel）としての契約法が、一般的（allgemein）な拘束力をもつものとしての「法」

の発生根拠、すなわち法源（Rechtsquelle）であることを認める一方、その「法規則」に従って成立した「法関係」（Rechtsverhältnis）としての契約関係——Code civil のいう「適法に形成されたコンヴァンシオン」——は当事者のみを拘束すること、すなわち、一般的な拘束力をもつ法源たりえないことを、力説せざるをえなかった。民族法や法曹法に対する高い評価にもかかわらず、サヴィニーにとって「現代の法」は畢竟「国家法」に他ならなかった。

II　非国家法の復権と「国家なき世界法」

　20世紀の初めに至ってようやく、このいわゆる「国家的法観念」を揺るがす試みが登場する。チェルノヴィッツの教授だったエーアリヒが、ハープスブルク帝国の東部辺境ブコヴィーナ公国における農村生活の観察に基づいて、こう論じたのである。「法にとって、国家に由来するということも、裁判所やその他の官庁の決定を基礎づけ、また、その決定に基づく法的強制を基礎づけるということも、概念の本質的要素をなすものではない。法の概念には四番目の要素があり、われわれはそこから出発しなければなるまい。すなわち、法とは一個の秩序（Ordnung）なのだ。……決定規範［裁判の場合は裁判規範］は、法規範の、限られた任務と目的をもつ一つの変種にすぎない」[5]。この「秩序」を、エーアリヒは「生ける法（lebendes Recht）」とも称しているが、それは四種の「法の事実（Tatsachen des Rechts）」に基づくものとされる。すなわち慣行、支配、占有、意思表示が、「秩序」を形成する要素とされる。単なる慣行を別とすれば、あとの3要素はホッブズが法の定義から消去しようとしたものに他ならない。国家の外で主張される支配と占有は、中世的な意味での「権利」であり、意思表示は「契約」という形をとって、「秩序」すなわち中世的な「法」を形成することが期待される。

　エーアリヒは、やはり国家的法観念に対する批判に基礎づけられた自由

第1部　基調講演

法運動の担い手の一人として法学方法論に対するそれなりの影響力をもちえたが、かれの法源論は——日本では田中耕太郎の『世界法の理論』（1932‐34年）において高い評価を得ることになったにもかかわらず——少なくともドイツでは十分に評価されるに至らなかった。20世紀も末になってようやく、グローバル化の波とともに、エーアリヒの問題提起が想起されることになる。グンター・トイブナーによれば、今日、世界市場や人権保障や環境保護といった世界社会のさまざまの分野が、「国家的制度から比較的切り離されたところで」形成され、それぞれに独自のグローバルな法秩序を生み出している[6]。「もとより、エーアリヒのいうブコヴィーナの〈生ける法〉との違いは大きい。……新しい世界法は、伝統の在庫から生まれるのではなく、特殊化され、しばしば形式を備えて組織され、比較的狭く定義された、経済的、文化的、科学的、または技術的なグローバル・ネットワークの、継続的な自己生産から生まれてくるのである」。

このように説くトイブナーは、ただちに、「効力のある法がトランスナショナルなレヴェルで、つまり国家の権威も国家的サンクションも、国家の政治的コントロールも民主的なプロセスによるレジティマシーもなしに、自生的に成立するなどということが如何にして可能か」、という問題と取り組む。サンクションについて、トイブナーは、ニクラス・ルーマンに依拠しながら、サンクションはいまではむしろ、規範形成を支えるシンボルとしての役割を果たすものになっている、と主張する。「決定的に重要なのは、具体的な法主張が自己の妥当要求をどのようにしてコミュニケーションに乗せるかということである。……ルールは、コミュニケーション行為において法／不法のバイナリー・コードに従う場合にのみ、法的ルールになる」。国家的な裁判制度という組織されたサンクションを知らない非国家的な法の場合、グローバルな契約がみずから、仲裁制度のような自己の非契約的基礎を生み出し、それをサンクションのシンボルとして法的コミュニケーションが行われるのだ、とされる。

非国家的な法がこのように法として正統化されるにしても、その結果、

世界法は著しく断片化した姿をとらざるをえない。もとより、トイブナーは、国家中心的な法観念を批判する[7]。「それは、グローバルな一体性［まるごとのグローバル化］、それどころか集団的な行為能力の要求［大国のグローバル・スタンダードに反する部分の行為能力の否定］にまで至りかねない。そうなると、断片化されたグローバル化という今日の状態には相応しくなくなってしまうからである」。それにもかかわらず、ゆるやかで変動を免れないとはいえとにかく一個の世界法に期待をかけるというなら、それは、さまざまの合理性が一つのネットを成しているものとして考えるしかないというのが、トイブナーの見方である。2001年の「ドーハ宣言」の成立に至るプロセスが、例にとられる。「経済志向のWTO体制は、保健政策の原理の洗礼を受けて、自己の論理を制約する定式を内部で書き直した。……自己と衝突する法の、自己の法へのリ・エントリー［re-entry。ルーマンは「リ・エントリー」を「内部転写(ヒナインコピーレン)」と言い換えてもいる］によって、システムとシステムの衝突は——レジームが崩壊してはじめて環境に開かれたプロセスが進行するのを待つまでもなく——法の問題へと翻訳されうるのだ」。

ただし、そうなると、システム分化が実現してはじめてネット化を云々しうるということになる。ネット化とリ・エントリーというコンセプトは、システム分化を殆ど知らないような秩序と、どのような関係に立つのだろうか？

Ⅲ　非同時的なものの同時性

システム理論に反対する立場を取り、法／不法のバイナリー・コードを「合法性のユニヴァーサル・コード」で置き換えようとするのが、クラウス・ギュンターである[8]。合法性のユニヴァーサル・コードとは、以下のような観念、原理、規則、法制度だとされる。「個人に帰属し自律的に行使される諸権利；それらの権利の裏面にある諸義務；一次ルールを決める

第1部　基調講演

権限を付与する二次ルール；過失責任／厳格責任の観念；それと関連して行為とその結果を自然人および／または社団法人に帰責させる基本規則；責任と制裁の予見可能性という原理；原告と被告の証明責任分配の規則；無罪の推定；公平な第三者という役割の制度化（裁判に対する上訴権を含む）；双方の言い分を聴けという原理」。

　システム理論によるコードとプログラムの区別によれば間違いなくプログラムに属するこれらの原理等々をギュンターが「合法性のユニヴァーサル・コード」の構成要素として捉えたがるのは、ギュンターが師のハーバマースと同様に、「人々が一個の法共同体へと結合する遂行感覚の、不断の活性化」によって「非同時的なものの同時性」（ブロッホ）を克服しようとするからであろう。これに対して、トイブナーは上述のように、「それは、グローバルな一体性、それどころか集団的な行為能力の要求にまで至りかねない。そうなると、断片化されたグローバル化という今日の状態には相応しくなくなってしまうからである」と批判すると思われる。

　もとより、ルーマンも、単なるバイナリー・コードの下でいかなるプログラムが形成されるかという問題に、無関心ではなかった。したがって、ルーマンは、晩年の諸著作でコーディングとプログラミングの区別を次第に媒質（Medium）と形式（Form）の区別によって補完していった。「媒質と形式は、つねに手を携えて、つまり同時に、再生産される。媒質とは、未来のさまざまの可能性を未定のままにするものではなく、何らかの形式と手を携えて示すものである。……そこから判るのは、とりわけ、媒質を形式として濃縮しうるためには過去のいろいろな形式形成を振り返る必要がある、つまり記憶が必要とされるということだ。……したがって、媒質と形式の区別はつねに、歴史的に効能を示してきた区別である。しかし、それだけでは、将来どのような形式が形成されるかは、まだ確定されない。別の言い方をすれば、媒質と形式の区別自体が、意味（Sinn）という一般的な媒質にとっての一つの形式なのである。社会は、意味［という一般的な媒質］によって、［その形式としての］〈既定性（形式）と不定性（媒質）

の区別〉を再生産し、区別自体がもたらした不確かさに耐えていくことができる」[9]。

　媒質と形式の区別を、コードとプログラムの本来厳格な区別を相対化するものとして理解できるならば、法／不法のバイナリー・コードは、一般的な媒質としての「意味」（コードとしては有意味／無意味）が具体化されつつ分化していく最初のステップを意味するということになろう。そして、意味からシステム分化によって導出された媒質としての「法」（コードとしては法／不法）は、さらに——何らかの形式と結びついて——プログラムとして再生産される。さらにこのプログラム自体が媒質として理解され、何らかの形式によって具体化される、等々。ルーマンがシステム分化を可能にするバイナリーなコーディングを固持しながら、プログラム形成をそれぞれのシステムのリフレクションにゆだねていることは、明らかであろう。これに対して、ハーバマース及びその驥尾に付すギュンターは、「合法性のユニヴァーサル・コード」を固定することによってグローバルな法文化の発展を大所高所から規定しようとするのである。

　しかし、ルーマンは、次のように語っている。「国家もまた、特殊的組織として普遍主義的に振舞うという要請に服する。……国家が機能的分化と特殊的普遍主義の論理に従わないときは、……世界政治のアドレスとしての資格をみずから減少させることになる。そういう国家は、〈人権〉に関して、またおそらく——マスメディアによる世界規模のコミュニケーションのおかげで——自国の国内政治に向けられる要請のアドレスとしての適性に関しても、問題を抱えることであろう。……特殊的普遍主義とは、システムは作動における閉鎖性に基づいてのみ開かれたものでありうるということである。同時に、それは、システムがその〈作動における閉鎖性〉によって、自己と環境の差異について自己内部で自照（reflektieren）すること、その自照に基づいて或る一つの意思を——すなわち作動の範囲外の環境とのアクティヴな関係を——もつように強いられるということでもある」[10]。

第 1 部　基 調 講 演

1　Thomas Hobbes, Leviathan, in: Opera philosophica, quae latine scripsit omina, 1668. ラテン語版は英語版よりも整っており、たとえば 1970 年のドイツ語訳（第一部、第二部を収めるレクラム文庫）も、ラテン語版を底本としている。

2　Jean Domat, Les Loix Civiles dans leur ordre naturel, 1691.（初版が桐蔭横浜大学のマックス・カーザー記念文庫に、また 1713 年の版が、サヴィニー家のトラーゲス農場の領主館に保存されていたサヴィニー個人蔵書から成る桐蔭横浜大学の「サヴィニー文庫」に収められている。）

3　Friedrich Carl von Savigny, Das Recht des Besitzes, Dritte, vermehrte und verbesserte Auflage, S.37, Fn.2, 1818. 第 3 版は 1803 年の初版、1806 年の第 2 版と比べてかなり改訂されている。この脚注は、1804 年（フランス民法典制定の年）にマールブルク大学の教職を辞した若きサヴィニーが新婚の妻や弟子のヤーコプ・グリムを伴ってパリに滞在し、資料収集と研究に携わった成果の一端を示すものかもしれない。

4　Savigny, System des heutigen römischen Rechts, Bd.1, 1840, S. 11 f.

5　Eugen Ehrlich, Grundlegung der Soziologie des Rechts, 1913, S. 17 f.

6　Gunther Teubner, Globale Bukowina: Zur Emergenz eines transnationalen Rechtspluralismus, Rechtshistorisches Journal 15, 1996.

7　Teubner, Globale Zivilverfassungen: Alternativen zur staatszentrierten Verfassungstheorie, Zeitschrift für ausländisches öffentliches Recht und Völkerrecht, 2003.

8　Klaus Günther, Rechtspluralismus und universaler Code der Legalität: Globalisierung als rechtstheoretisches Problem, in: Wingert/Günther（Hrsg.）, Die Öffentlichkeit der Vernunft und die Vernunft der Öffentlichkeit, Festschrift für Jürgen Habermas, 2001.

9　Niklas Luhmann, Das Erziehungssystem der Gesellschaft, 1998. ニクラス・ルーマン（村上淳一訳）『社会の教育システム』（東京大学出版会，2004 年）108 頁。

10　Luhmann, Metamorphosen des Staates, in: ders., Gesellschaftsstruktur und Semantik Bd.4, 1995, S.134 ff.

第2部　民法部会

ヨーロッパ共通の私法
――必要性、発展の軌道、各国の寄与――

ユルゲン・バーゼドウ

相澤啓一訳

I

　現在の私法は、世界のほとんどの国で、国を単位とする国家法として定められている。私法は、国あるいは地方自治体という立法者の意志の定めるさまざまな法典や個別の法律によって形作られている。しかし、実定法としての私法という面を除くと、国家法としての固有の性格をそれぞれの私法に見て取ることは難しい。というのも、私法というものは、市民相互、あるいは企業間、また市民と企業の間に生ずる争いに解決ルールを与えるものであって、まさにそうした事案には一般に、国が関与する余地は乏しいからである。私法は、19世紀にまさに国家から一定の距離を置いた形で成立した市民社会の法的形式を表している。したがって、私法の中で国家的伝統に依拠する規則はほとんどない。私法の規則の大部分は、実際の市民生活の中で役に立つ、機能的性格を持つものとなっているのである。

　各国毎に固有の性格を持つのは、私法の制度的枠組みである。すなわち、立法、裁判所、訴訟手続、法律にかかわる職業の構成、法曹養成、法学にかかわる組織、などである。これら私法の外見に関わる部分は、18世紀になってもまだ、各領邦国家毎に異なっていた。19世紀になってようやく、ドイツという国家レベルでの統一がなしとげられた。その背後にあっ

第 2 部　民法部会

たのは、生活や経済レベルでの活動が小さな領邦国家の枠を超えていったからである。産業革命に伴う交通・輸送技術の急速な進歩のおかげで、一国内の遠く離れた地域相互の関係が増加し、緊密化した。その結果、より大きな地域を単位とする生活秩序の確立が求められていったのである。この要求に応えたのが、ネーション・ステート（国民国家）の理念であり、そして国を単位とする法の確立であった。

II

　ヨーロッパ統合のプロセスの中で、こうした傾向は第二次世界大戦後、より高位のレベルにおいて発展的に継承されていった。ヨーロッパ各国間における社会的・経済的なつながりが急速に緊密化していったのである。これは、その初期においては、自由な交通、とりわけ、自由な商品流通および居住の自由が確立していったこと、すなわちそれまでの、外国人が各国の国内市場に手出しさせないための公的・法的な障壁が撤廃されていった結果、可能になったものである。それに続く、80年代中頃以降の第二期においては、さらにヨーロッパ域内市場が実現し、それにより、各国ごとの経済法を早急にハーモナイズする必要に迫られることとなった。その結果、私法が果たすべき機能も変化し、各国私法間に横たわる相違は、さらなる欧州統合にとっての障害と見なされるようになっていった。国境を越える事案を国際私法（IPR）の規則によっていずれかの国家法により解決してきた伝統的メカニズムは、煩瑣過ぎるとみなされるに至ったのである。こうしたメカニズムの下では、外国法の研究が例外的なケースにおいて適用可能となるため、全ヨーロッパ的な法的取引にその分料金がかかってしまい、その進捗を妨げている。したがって、域内市場プログラムの実現後、すなわち90年代初頭以降の第三期においては、私法を全ヨーロッパ共通化することの必要性が、はっきりとしてきたのである。

Ⅲ

　現在進行中の私法の全ヨーロッパ共通化の動きを詳細に検討してみるなら、そこにはいくつかの方向性を見て取れる。そこには立法、裁判、予防的実務、法学といった法生活のあらゆる領域が含まれている。むろんそこには、さまざまな問題に関して議論の進んでいる領域とそうでない領域があるのは当然であるが。こうした動きの中には、ヨーロッパを遙かに超えて進んでいるものもあるが、それらもヨーロッパ内部で始まった、また重点がおかれている議論から生まれたものなのである。

Ⅳ

　私法の全ヨーロッパ共通化の先駆けとなったのは、さまざまの国際協定に基づく統一私法であった。19世紀後半以降、とりわけヨーロッパや南米の国々は、多国間での国際法的協定というツールを、私法の統一化のために利用し始めていった。それら諸国はまず、経済法の特殊分野、例えば運送法、知的所有権（法）、海洋法などを整備した。これらの分野においては、それまでに既に各国で私法が国家法として確立していた事情が、特に大きな妨げとなった。それだけに一層、法の統一化の必要性が痛感されたのである。1980年のウィーン売買条約、すなわち国際物品売買契約に関する国連条約（CISG）により、統一私法は、民法の主要な契約類型のモデルを提示することとなった。CISGが一種の規範として機能している様子は、ここ20年において各国毎に定められたさまざまな法規にも見て取れる。

第2部　民法部会

V

　私法のヨーロッパ化を理解するためには、欧州共同体（EC）が持つ独自の立法権についての知識が欠かせない。EC条約はECに対して、私法に関する全面的な立法権を与えてはいるわけではないが、多くの政治分野における特別法の立法を可能とする個別権限を与えているのである。それは例えば、企業法、消費者法、労働法のさまざまな分野、知的所有権、国際私法ならびに国際訴訟法といった分野に関する権限である。私法分野に関して最も深く入り込んでくる潜在力をもっているのは、EC条約第95条に基づく、域内市場実現に向けての管轄権である。

　この管轄権は、域内市場にとって重要なあらゆる私法、とりわけ契約法の法典化を許すかも知れない。この点については意見が分かれているが、ECは、EC条約第308条に規定されているサブシディアルな権限に基づいて、統一的な契約法を制定することができるかもしれない。とはいえ、そうして生まれるEC条約第308条に基づいたEC契約法は、国家法に取って代わるのではなく、国家法と選択可能な形で並存することになるであろう。EC条約第95条の場合とは違って、308条に基づく立法措置の場合は、EC理事会における特別多数決をもってしても定めることはできず、理事会は全会一致で採択しなければならない。したがって最終的には、加盟25カ国のどの政府も、拒否権を発動させることは許されないであろう。

　どの権限により法が作られるかは、法のタイプの選択にとっても重要である。EC条約第95条によれば、一般に指令（Directive）が出されることとなるが、これはその後さらに各国の国家法に書き換えられなければならず（EC条約第249条第3項）、各国毎に異なったやり方で行われる。それに対し、第308条に基づいた立法の場合、ECが出すのは規則（Regulation）であり、これはすべてのヨーロッパ人に直接適用されるものである。これは疑いなく、契約法にはより適切な立法措置である。

VI

　現在 EC は、純粋に私法的内容の命令と規則を、既に 75 本も出している。そのほとんどすべてが、単に個別の点に関するルールを述べているに過ぎない。その結果、整合性に関する大きな問題が生じている。これらのルールは互いに矛盾し合うことが少なくないからである。例えば、多くの指令は、消費者の権利を守るために、消費者が購入撤回を行なう権利を認め、返品条件、例えば返品期限などを定めているが、その期限はまちまちである。またルールの範囲もさまざまで、ある指令では、製造者責任を追及する権利を謳っているのに、賠償可能な瑕疵の中身については一言も触れられていない。それに対し別の指令では、非物質的損害に対し賠償が提供されねばならないのはどのような条件下なのかが、かなり詳細に定められている。さらに、EC の法文書と各国の法典との間にもかなり大きな齟齬が存在している。EC 指令の多くは細部を詳細に記しており、各国の国家法のルールのスタイルや法典テキストとなかなか相容れない。要するに、ヨーロッパレベルの法規は、もっと体系化されねばならないのである。その際には、さまざまな概念に関して、既に定着している使い方を尊重し、また数多くの特別ルールについては、全体に意味を与える根本原則を通して、互いに関連づけられていかねばならない。EC のルールと国家法の伝統を一つにまとめあげなければならないのである。

VII

　一般的な法原則を作り上げることができるのは、一方では欧州裁判所であり、他方では法学である。一方の欧州裁判所は当初から、一般的な法原則のカテゴリーを、EC の法源として利用してきた。欧州裁判所はこうして、EC 条約第 288 条第 2 項に定められているとおり、EC に属する各機

関や職員に対して共同体が取るべき姿勢を作り上げてきただけではない。信用、法的安定性、比例原則などといった原則が何を意味するのかを、具体的判例を通して意味づけし、さらには EC 法独自の基本権をも作り上げてきた。その一方で指令及び規則の解釈にあたっては、欧州裁判所はこれまでのところ、それぞれの法の文言に忠実な姿勢を貫き、より一般的な原則を打ち出すところへと踏み込むことは稀であった。とはいうものの、1968 年の、裁判管轄及び裁判の執行に関するブリュッセル条約や、消費者保護に関する EC 指令のいくつかに関する判決は、ヨーロッパの私法にとって大きな意味を持つものであった。

VIII

それに対し、法学における研究ははるかに先を行っている。特に、いわゆる「ランド委員会」によって策定された欧州契約法の基本ルール集は、その例である。そこでは、アメリカ合州国の "Restatements of the law" にならい、一般契約法と債務法の最重要規定が、比較法上の観点からまとめられているのである。ランド委員会によるヨーロッパの契約法の基本ルール集は、見た目の上でもまた、アメリカのモデルに倣っている。すなわちこのルール集には、各ルールと注釈が、分かりやすい実例や脚注付きで収められているのである。諸ルールはあたかも、法規のように並んでいる。注釈は、ルール全体の中での当該ルールの位置を明らかにし、その適用について述べているが、その際にケース・スタディが引用されていることもある。脚注は、EC 加盟諸国の国家法に基づいて当該ルールからいかなる法的状況が生ずるかについて触れている。つまりここでは、国家法の法規、判例、文献についての情報が挙げられているのである。

ランド委員会のモデルに倣って、現在では他のヨーロッパのさまざまな専門家グループもまた作業を進めている。それはとりわけ、不法行為法、信託法、保険契約法、国際私法、そして最近では家族法に関するものであ

る。これらのグループはいずれも、そもそも「基本ルール」ないし「一般的基本原則」をいかに理解すべきなのか、という問いの前に立たされている。そのような基本ルールというのは、すべての、あるいは大半のヨーロッパ諸国で存在するようなルールのことなのであろうか？　しかしそうした基本ルールであれば、ごく僅かしか存在しない。というのも、全ヨーロッパにとって統一的な法の伝統というものは存在しないからである。アメリカ合州国の50の州の法秩序はcommon lawと呼ばれる法体系と、単一言語の上に築かれているのに対し、欧州の法秩序はローマ法の伝統、ゲルマン法の伝統、およびcommon lawの伝統の上に立脚しており、また300年来、数多くの言語の中で発展してきた。したがって、ごく基本的な原則を除くなら、欧州法秩序の実定法にはきわめて多くの相違点が見受けられるのである。そうした相違点を尊重しながらも、ヨーロッパの研究グループは基本的にアメリカの法研究モデルに倣っている。その際、最も広く普及しているルールが優先されるわけではなく、欧州における法秩序の目標に最も適うルールが優先されるのである。

Ⅸ

　2001年以降、欧州委員会は、ヨーロッパレベルの契約法の検討を進めている。現段階で目指されているのは、「共通の参照枠組み」の策定である。この枠組は同時に、EC規則の形を借りた「オプショナルツール」として制定されることもあり得るであろう。そうなれば、或る契約の当事者は、通常準拠法とされる国家法に替えて、このオプショナルツールを選択することもできるようになるであろう。

　欧州委員会の考えでは、この「共通の参照枠組み」はとりあえず、9章から構成されるものとなる。委員会が「考え得る構造」と名づけている構造によれば、第1章から第7章において、一般契約法および債務法の諸問題を扱う。これらの章は、ランド委員会による欧州契約法の基本規則集の

体系をほぼ踏襲するものとなる。第8章は売買法を取り扱う。この売買権についてもまた既に、国際物品売買契約に関する国連条約（CISG）および消費財の品質保証に関するEC指令1999 / 44という形で、依拠するに足る膨大な先行作業がなされている。本質的に新しいのは第9章、保険契約に関する部分である。この分野では、ヨーロッパ共同体が主導権を担うことが特に重要である。というのも、現在の法状況下においては、保険会社は保険証書をヨーロッパ各地に配布することは不可能だからである。消費者保険に関する限り、EC指令に基づき、被保険者の権利が必ず通用する。大半のヨーロッパ諸国では、保険契約法は被保険者保護のためにあり、あるいは必須となっているため、同一の証書だけで複数の国家の法に合わせることは不可能なのである。その意味で、保険契約法に関してヨーロッパ共通のスタンダードを作ることは、保険に関する域内市場の実現のために直接役立つことなのである。

　欧州委員会は最近、ヨーロッパ法学者たちが運営するいわゆる「エクセレンス・ネットワーク」に対して、共同の参照枠組みのための内容的たたき台を策定するよう委託した。このネットワークを運営しているのは、二人のドイツの法学教授、オスナーブリュック大学のクリスティアン・フォン・バール教授とビーレフェルト大学のハンス・シュルテ・ネルケ教授である。またこのネットワークには、マンハイム大学で教授を務めるオーストリア人ヘルムート・ハイス教授の率いるヨーロッパ保険契約法に関するプロジェクトグループも参加している。これら何れの小グループにも、あらゆる、あるいはほとんどすべてのヨーロッパの国々からの法学者が参加している。このネットワークは、2008年にその任務を終える予定である。

X

　最後にあげたワーキンググループは、その運営者によれば、以上述べてきたようなヨーロッパ共通化に及ぼしているドイツの影響を調査する予定

だとのことである。ただし、来るべきヨーロッパ共通の諸規則の内容面に関して見る限り、これといったドイツの影響というものは確認できない。このヨーロッパ共通化という動きの主たる原動力となっているのは、一つには欧州域内市場の合理性を求める声であって、これが、数多くの EC 指令や、それらを補完する各国の国内化立法や司法判断の中に反映されているのである。そしてもう一つ、ヨーロッパ化を推進しているのは、比較法学の貢献である。比較法学は、欧州諸国の法学の中で、ここ数十年間その重要性を増し続けてきている。法の比較という作業はこれまでは、各国ごとの法学の一部として行われてきたが、ランド委員会を始めとする現在の法学者グループにおいては、多国間の法議論の過程で行われるものとなっている。そこで目指されているのは、法輸出や法継受を論ずることではなく、ヨーロッパの経済・社会にとって具体的に役立つ、またいずれの方面からも受け入れられるような規則を策定するということなのである。

　その結果しばしば起こるのは、さまざまな国での解決策がただ漫然と寄せ集められるという事態である。「国際物品売買契約に関する国連条約（CISG）」は、例えば契約締結に関する規則に際して、第 15 条および第 18 条第 2 項に見られるとおり、いわゆる「（書面の到達を以て契約の成立とする）到達主義」を採っている。それは、それ以前にはドイツ法（民法第 130 条）でも謳われていたものであり、common law の「（電子的な手段による意思表示を有効とする）メールボックス論」は不採用となっていた。それに対し、CISG の給付障害法（契約不履行に関する法）には、common law で用いられている契約不履行の包括的概念が踏襲されている（第 35 条、45 条）。大陸法における給付の「遅滞」、「不能」、「不完全履行」という人為的分類は、採用されていない。CISG に基づいて損害賠償を行おうとする者は、第 74 条に基づき、契約締結時に「予見しうる」損害を賠償しなければならない。この規則は、フランス法、イタリア法、および common law を踏襲するものであり、ドイツ法の「相当因果関係説（Adäquanzlehre）」は採られなかった。むしろ、取り入れられたのは付加期間（第 47 条）と

いうツールである。これは、買主が売主に対し、義務履行に対する一定の付加期間を猶予することができるというものである。これらの例から分かることは、次の点である。すなわち、国際的ないしヨーロッパ的なレベルでの法統一にさいして求められるのは、国境を越えた経済圏にとってとりわけ実務的で効果的な解決策であって、特定の国の威信を保つことではないのである。

XI

　ドイツが及ぼす影響は、現在のヨーロッパの動きの中では、方法面で最も強く感じられ、その実例を挙げることもできる。機能的で評価的な比較法という方法は、ドイツ（ツヴァイゲルト/ケッツ）が提唱し、全ヨーロッパに広がって定着している。それに伴って、比較法の課題は、一昔前までのように自国の法秩序の優越性を証明し、世界に向けて主張するという点には置かれなくなくなってきた。むしろ比較法の課題は、既に述べた通り、共通の社会経済的問題に対する「最適な解決策」を論究する点にあるのである。ドイツはこの方法を実践するための機関として、法学系の各マックス・プランク研究所をこれに当て、この多くの大学研究所もこのモデルに倣うに至っている。これらの機関は何れも毎年何百名というゲストを全ヨーロッパから迎え入れており、それによってヨーロッパ法学の成果が結集する機関を作り上げたのであった。

　ドイツ法学は、オランダの法学と共に、ヨーロッパ化の動きをいち早く認め、それに対応した。例えば、「ヨーロッパ私法ジャーナル」という学術誌の創刊、この分野における各種の賞や奨学金を授与、さまざまな会議の実施、このテーマに関する博士論文や教授資格論文の奨励等がそれにあたる。先に触れたヨーロッパの学識経験者グループの設立については言うまでもない。そしてこれらいずれのプロジェクトにも、ドイツの比較法分野の法学教授たちが参画している。こうして見るとき、ヨーロッパのエク

セレンス・ネットワークの中でドイツ人の学者が特に大きな役割を果たしていることは、驚くに値しない。

　ドイツ以外のヨーロッパ諸国、とりわけフランスやイギリスでは、法学は何年にもわたり、ヨーロッパ化の傾向に抵抗を試みた。フランスの場合、その原因は、フランスの歴史とフランスの法典とが極めて直接的につながっていた点に求められよう。フランス民法典は、ちょうど200周年を祝ったばかりであり、今日に至るまで、多くのフランス法学者にとっては、国民的な記憶の場所であり続けているのである。またイギリス法学の消極的対応の理由は、とりわけ、何百年にもわたってcommon lawにつきものだったイギリスの判例法主義にとってヨーロッパ化が危険視された点にある。しかしこの両国においても、近年では私法のヨーロッパ化への関心はきわめてはっきりと高まりつつあり、学術経験者グループでの作業においては、まさにフランスとイギリス出身の教授たちが各グループ内での議論を支える特に重要な役割を果たしている様子を見ることができる。

XII

　方法が変化し、比較法のテーマがヨーロッパ共通の私法に絞られるようになったことで、個別の内容に関しても、国際私法ないしヨーロッパ私法への準備がなされることとなった。このことはCISGの前史からもはっきりと見て取ることができる。物品売買契約に関する法の統一化作業の前段階は、両大戦間期の私法統一国際協会（UNIDROIT）のワーキンググループにおいて始まった。同じ頃、ベルリンの「カイザー・ヴィルヘルム研究所」（これは現在の、ハンブルクにあるマックス・プランク外国私法／国際私法研究所の前身である）では、エルンスト・ラーベルの下で、売買法についての比較法的研究が始められていた。エルンスト・ラーベルが著した二巻に及ぶ包括的研究は、第二次世界大戦後、1964年のハーグ売買法の基礎となった。しかし当初は、ラーベルの研究に対する反響はあまりなかった。

第2部　民法部会

　この議論を改めて活性化したのは、やはりドイツの比較法学者たち（フォン・ケメラー、デレ、ドローブニク/ツヴァイゲルト、フーバー、シュレヒトリーム）による多くの仕事であった。こうして、ハーグ売買法の改正、1980年の国際物品売買契約に関する国連条約（ウィーン売買条約）の成立へと至るのである。今日、このヴィーン売買条約は、世界の65カ国で批准されている。

　以上述べてきた私法についてと同様のサクセスストーリーは、ヨーロッパ法文書の他の分野についても語ることができるだろう。それらに共通しているのは、ハーモナイズへの志向が比較法学という学問分野に起因し、多くの場合先入観なき比較法がまさしく全ヨーロッパ的な解決をもたらしてきたという事実である。

日本民法学に対するドイツ民法学の影響
―― 個人的研究関心を寄せる3つのテーマを素材に ――

松 岡 久 和

は じ め に

　どういうアプローチを取ればドイツ法に通暁しているわけでもない筆者でも、このテーマについての発言をすることができるか。この点をしばらく考えあぐねた結果、本稿は、筆者自身の個人的な研究関心の展開を素材とすることにした。そのような方法を採った理由は、ドイツ民法学が日本の一民法学者に対して与えている影響を自省した上で、日本法に特有の事情を除いていけば、国際的な民事法及び共通ヨーロッパ法に対して、ドイツ法が与えうる影響を考えることができるのではないか、と思ったからである。また、たまたま私の主要な研究関心は、物権法や不当利得という領域にあり、北川善太郎博士[1]が学説継受の例を取り上げて論じられている契約を中心とする債権法領域以外に位置する。そこで、このような考察方法を採れば、学説継受によってドイツ民法学の影響が、契約を中心とする債権法領域外で日本法学にどのようにしてどの程度生じてきたかという具体例を付加することができる。また、学説継受の影響がどういう形で北川博士より一世代下の我々に残っているのかを考えるきっかけとなろう。さらには、日本法がドイツ法とは異なる法制度を採用している場合において日本法固有の問題を考える上で、それでもなおドイツ法あるいはドイツ民法学の議論を参照するということにどういう意味があるのか、等の問題に

も触れることになる。

　以下、具体的には、私が関心を持ってきた多くの民事法上のテーマの中から、不動産物権変動・不当利得・物権と債権の峻別による財産法の体系的整理という 3 つを取り上げることにする。

I　不動産物権変動

　私が研究生活の最初に取り扱ったのは、不動産の二重譲渡の諸問題である[2]。周知のとおり、日本の民法は、20 か国以上の民法典やイギリスの判例などをも参照してできあがった比較法の産物である[3]。比喩的に表現すれば、主としてフランス民法に由来する制度や個々の規定という材料を、ドイツ民法的なパンデクテン体系にあわせて調理し、所々にそれ以外の国の民法や判例などのスパイスを振りかけたものであり、主要な骨格はフランス法とドイツ法によって規定されている。ここで取り上げる不動産物権変動は、その典型例の 1 つである。すなわち、日本の民法 176 条によれば、意思表示だけで売主から第一買主に所有権が移転するが[4]、第一買主は、177 条により所有権の移転登記をしなければ、第二買主には所有権の取得を対抗できない。このように、日本民法は、取得された権利ないし権利変動の優劣を決める基本的な仕組みにおいては、フランス民法に由来する意思主義・対抗要件主義を承継しているが[5]、他方で、物権と債権を区別する体系を採用し、他人物売買を確定的に有効とした上で売主に担保責任を課している（560 条以下）。登記制度も、権利の主体である人を単位として登記簿を編成するフランス法の人的編成主義ではなく、権利の客体である不動産を単位として登記簿を編成するドイツ法的な物的編成主義を採っている[6]。

　この領域においても、学説継受期には、物権行為の独自性や無因性を認め、できるだけドイツ法的な登記成立要件主義に近づける解釈がたしかに主張され有力化していた[7]。しかし、解釈論は、その国の法制や個々の条

文の規定の仕方に強い制約を受ける。日本民法の物権変動の仕組みがフランス法的な基本構造を維持し、登記に公信力を認めないなど、ドイツ法との根本的な違いが否定できないこの分野では、ドイツ民法学が日本民法の具体的な解釈に与える影響は、比較的早くに衰えた[8]。これは、北川博士が学説継受の例として論じている契約を中心とする債権法分野とは著しく対照的である。

　一例として、日本法では、「二重譲渡紛争において、第二買主は第一の売買契約について悪意であっても登記することで第一買主に優先することができるか」という昔から争われている問題がある。物権法領域に限って言えば、ius ad rem（Recht zur Sache）[9]を否定したドイツ法によれば答えは明白で、第二の買主のみが所有権を取得でき、その悪意は問題にならない[10]。これに対して、日本法でも、立法当初は、第三者の主観的要件についての限定を欠く177条の文言や、登記による紛争の画一的処理を狙うなどの立法者の意思に忠実に、第三者は悪意でもよいとされてきた[11]。しかし、1960年代以降、判例・学説は、信義誠実の原則に反する悪意の第二買主は、第一買主の登記の欠缺を主張できないとする独自の法理（背信的悪意者排除論）を発展させてきた[12]。

　1980年頃にこの研究を手がけた時に、私がドイツ民法学に学ぼうとした理由は、かなり偶然的なものだったと言わざるをえない。私は、指導教官であった林良平博士[13]から、修士論文では外国法の基礎的な研究能力があることを示さなければならないとの指導を受け、英語の他に使えた外国語がドイツ語だったゆえにドイツ法を学ぶことになった。さらに加えて、当時、京都大学の民法教授陣は、主としてドイツ民法学を学んだという方ばかりで、後期普通法学からドイツ民法への移行とその後の解釈論の変遷を学説史的に研究するスタイルが、まとめて京都学派と呼ばれるほど確立していた。当時、フランス法や英米法を専門に研究している民法の教授はおられなかった[14]。現在はフランス法を専門とする横山美夏教授がおられるが、彼女以外は、やはり、いずれもドイツ法を中心とする研究を行って

おり[15]、ドイツ民法学の影響は、こうした学問承継の人的な関係の中でなお強く存続しているのである。

さて、不動産所有権の二重売買紛争における第三者の主観的態様の問題に戻って、もう一言付け加えたい。ドイツ法では、物権行為 Auflassung によって所有権が移転するので、所有権の二重譲渡＝二重帰属は生じないが、二重売買紛争は生じる。そこでは、第一買主への物権変動の効力は生じていないため、第一買主の契約上の権利が、第二買主に対して何らかの保護を受けうるかが問われることになる。判例・通説によれば、第二買主の行為がドイツ民法826条の良俗違反の不法行為を構成する場合に限って、第一買主は、損害賠償としてドイツ民法249条により原状回復を求めることができる、と解されている[16]。この結論を機能的に見れば、ほぼ日本の背信的悪意者排除論に相当するが、このような単純な比較はできない。（1）不動産取引をする者は登記簿のみを手がかりとして権利関係を判断すればよいのか、それとも現地調査などそれ以外の調査を行う必要があるのか、という登記制度の信頼性・登記への権利関係情報集中の程度の違い、（2）未登記の第一買主が取得した権利が所有権なのか、それとも契約上の履行請求権にすぎないか、という物権変動の構造の違い、（3）（a）契約上の利益の第三者による侵害が限定的に捉えられるのか、もっと広く責任の成立が認められるのか、という不法行為責任の成立要件の広狭、さらに、（b）不法行為責任の効果として原状回復が認められるか、金銭賠償に限られるか、などの不法行為制度の違い、等々の相違が日独両法制に間には存在するからである。このように、制度構造が大きく異なる場面では、ドイツ法の制度及びドイツ民法学の議論は直接の参考にはならず、制度的あるいは理論的な1つのモデルとして機能するにとどまらざるをえない。

II 不当利得

物権変動の場合とは対照的に、制度的な制約が乏しい領域では、日本の

民法学に対するドイツ民法学の影響は、深く長く今も続いている。制度や規定に外形的な類似性があればあるほど、影響は強く表れる。そのような例として、不当利得制度を挙げることができる。

日本民法が制定された約110年前の時点で、英米法はそもそも不当利得法と呼ばれる領域がまとまった統一的原理を持つものとして認識されてはいなかったし、現在でも、不法行為に基づく損害賠償と不当利得に基づく原状回復との違いが、十分理論的に整理されて共通認識になっているかについては、疑わしい状況である[17]。フランス法も、現在に至るまで、一般的な不当利得の規定を持っていない[18]。これに対して、ドイツ民法の不当利得法は、論理的体系的に整理された一般的な定式を与えられていて、制度史的に当時の最先端を行くものであり、日本民法は、細部はともかく、基本的な構造では、それを受け継いでいる。

このように、解釈論の土台となる部分を共有し、しかもドイツ法の先進性が際だっている法領域では、ドイツ民法学は、ほぼそのまま日本の民法学に強い影響を持ち続けてきた。そしてその精緻な理論展開、例えば、衡平説的不当利得理解から類型論への展開は、日本民法学にもそのまま反映されてきている[19]。また、ヨーロッパ共通契約法の創造が現在、かなり進んできているが、それに続いて、挫折した契約の清算としての給付不当利得制度が重要になろう。その際、法制度の整備やそれに基づく議論の蓄積が豊富なドイツ法は、問題を訴訟や執行の手続ととりあえず切り離して純粋に実体法的に考えうる限りでは、合理的な制度の統一に向けて大きな牽引力を発揮できる可能性が高いだろう。また、この点で、ドイツ民法学は、日本民法学になお強い影響を持ち続けるものと思われる。

III 物権と債権の峻別体系

個別の制度や法律問題を離れても、ドイツ民法学は、基本的概念や基本的原理の点で、日本民法学に極めて強い影響を与えてきた。例えば、物権

と債権という二大範疇による財産法の体系的把握は、ほとんどの我々日本の民法学者に自明のこととして受け継がれ、その強い体系性・論理性ゆえに、我々の思考をかなり強く規定している。

しかし、この点には、問題性も含まれる。顕著な例を取り上げると、金銭債権の保護の弱さがある。金銭の支払いを求める権利は、典型的な債権として理解され、有体物の価値の支配権である物権と対比されて、排他性を欠く弱い権利だとされる。その結果、例えば、宛先を誤って金銭が振り込まれた場合、受取人の銀行口座にはこの誤振込金相当額だけが存在していても[20]、受取人の債権者が行った銀行預金債権への差押えに対して、誤振込者は、第三者異議による優先を主張できないことになる[21]。誤振込者の有する権利は、排他性や優先性を備える物権とは構成されえないからである。

しかし、たとえば、英米法は、擬制信託 constructive trust や追及 tracing の法理[22]により、誤振込者に優先的な救済を認めており、日本でも、価値判断としては、英米法のような結論が支持されるべきだとして、様々な構成が検討されている[23]。ドイツや日本でも、英米法の議論を参考に、物権的価値返還請求権 Wertvindikation、あるいはより一般化した価値追跡 Wertverfolgung という新たな概念を立てる見解があるが[24]、伝統的な見解からは厳しく批判されて、広く支持を集めるには至っていない[25]。物権・債権の峻別体系を基本的に維持したままで妥当な問題解決を図る方法があるのか、それともこうした体系的整理自体に変容・修正が必要なのか、私が関心を持つのは、そういう問題である。

論理性・体系性への強いこだわりは、その国固有の制度的制約と結び付くと、国際的な法の統一や平準化への障害となりかねない。しかし、その一方、国際的な動向を踏まえて従来の伝統的な概念や原理を反省し再構成する方向で重ねられる議論は、自国に固有の障害を克服して新たな論理や体系を見出す手本となりうる。ヨーロッパの私法統一の動きは、世界の最も先を進んでおり、そのような動きを受けてドイツ民法学が展開し、また

今後展開するであろう議論は、極めて注目に値する。近時のドイツ民法の改正をめぐる様々な議論は、例えば、遅滞と不能の二分体系を乗り越えた点などについて、日本の研究者の耳目を聳たせているが、その理由の一端は、まさしく体系的・概念的に峻厳な態度を採ってきたドイツ民法学の対応に関心をひかれるからである。また、ヨーロッパ私法統一を目指す今後の動きの中で、不当利得法の整備や物権・債権の峻別体系の再検討をめぐる議論において、おそらく先導的役割を担うドイツ民法学は、日本の民法学者の関心を引きつけ続けることであろう。

おわりに

　以上のわずかな端緒からでも——もちろん過ぎたる一般化の危険を承知しつつ——、次のような点を引き出すことはできるだろう。①民事裁判手続・執行手続や登記等の制度が異なるところでは、ドイツ法及びドイツ民法学の展開した精緻な理論や体系は、相対的に無力であり、これに拘泥することは国際的な統一に向けた動きの障害となりかねない。機能的な比較法によるコントロールが必要である。②制度上の制約が少ない純粋の民事実体法に関して国際的に共通化する必要性が高い制度（例えば、契約の清算場面での給付不当利得制度）については、法制度の整備やそれに基づく議論の蓄積が豊富なドイツ法は、合理的な制度の統一に向けての大きな牽引力を発揮できる可能性が高い。③国際的に見解の一致を見ない概念や原理については、ドイツ法・ドイツ民法学の有する強い論理性・体系性は、国際的な統一・平準化への障害となりうる反面、国際的な動向を踏まえた法理論・体系の再整理において、障害を克服して新たな地平を拓く手本となる可能性を秘めている。④上記のように留意すべき点や日独の民法制定後百年にわたるそれぞれ独自の展開を考えると、かつてのような直輸入型の継受はもはや考えられないが、ドイツ民法が日本民法の母法の一つであり、共通する問題を少なからず有していることから、日独の学問的交流の必要

第 2 部　民 法 部 会

性はなくならない。⑤外国法研究は、世代を超えた学問的伝統の蓄積と承継が大きな基盤となるものであり、継続的で地道な人的交流が不可欠である。

　最後に、基調報告やバーゼドウ教授の報告を拝聴して、私は当初の報告では予定していなかった付言を行なった。それをここに加えて結びとする。それは、私の報告のテーマとは逆方向に、日本民法学がドイツ民法学やヨーロッパ私法の形成に対して何らかの寄与をなしうるか、についてである。最初に触れたように、日本民法は、フランス法とドイツ法を2つの柱とし、それ以外の諸国の立法例や判例をも参照して作られた比較法の産物である。さらに、とりわけ第二次世界大戦後は、政治的・文化的な側面でアメリカ法の影響が強くなった。日本の判例や学説は、対立する体系的要素を苦労して調和させながら、日本社会の課題に即して独自の民法解釈論を展開してきたという経験を多数蓄積している。不幸なことにいわゆる公害などについては、問題が広く深刻に現れたことから、「先進国」としての経験や法的議論の蓄積が厚い。こうした蓄積は、多数の法体系がせめぎ合い、いろいろな発展段階にある多数の加盟国を抱えるヨーロッパが、私法の統一を目標に調和・平準化を模索している今、ときに日本の議論の歪な展開を反面教師とすることも含めて、参考にしていただく価値があるだろう。ただ、そのためには、ヨーロッパの学者や実務家にもアクセスしやすいように、ヨーロッパ言語による日本の法情報を、現在以上に発信していかなければならない。それは、我々日本の学者の使命である。

1　北川善太郎『日本法学の歴史と理論』（日本評論社、1968年）。
2　関連する筆者の主要論文等には次のものがある。「判例における背信的悪意者排除論の実相」林良平先生還暦記念論文集『現代私法学の課題と展望』中巻（有斐閣、1982年）65頁以下、「不動産所有権二重譲渡紛争について（1）（2・完）」龍谷法学16巻4号（1984年）65頁以下、17巻1号1頁以下、「民法一七七条の第三者・再論」奥田昌道先生還暦記念論文集『民事法理論の諸問題』下巻（成文堂、1995年）185頁以下、「物権変動論の最前線」姫路法学20号（1996年）149頁以下（座談会：金山直樹・七戸克彦・和田安夫・小杉茂雄・佐々木典子と共著）がある。

3 梅謙次郎「我新民法典ト外国ノ民法」『法典質疑録』8号（法典質疑会、1896年。〔ただし、参照したのは、宗文館の復刻版，1987年〕）669頁以下を参照。これを現代語に直して要約・紹介したものとして、松岡久和「〈史料〉債権総則（1）」民商法雑誌81巻3号（1979年）422頁以下がある。

4 沿革的にみて、この「意思表示」が債権契約締結の意思表示を指すことは明らかであるが、解釈論としては、それとは概念的に区別しうる物権契約ないし物権行為としての意思表示と解する余地があり、現在もそのような解釈を主張する者がいる。後掲注7・注8も参照。

5 フランス法継受の詳細については、滝沢聿代『物権変動の法理』（有斐閣、1987年）を参照。

6 不動産登記法の変遷については、福島正夫博士の一連の論文を収録した福島正夫（著）・吉井蒼生夫ほか（編）『福島正夫著作集第4巻 民法（土地・登記）』（勁草書房、1993年）に詳しく、幾代通（著）・徳本伸一（補訂）『不動産登記法〔第4版〕』（有斐閣、1994年）6～13頁に、2004年改正以前の変遷が簡潔にまとめられている。

7 石坂音四郎、中島玉吉、三潴信三、石田文次郎などがその代表格で、通説となっていた。物権法分野における学説継受の最も典型的な事例である。文献につき詳しくは、舟橋諄一・徳本鎮編『新版注釈民法（6）』〔山本進一〕（1997年、有斐閣）229～230頁を参照。

8 末弘厳太郎『物権法上巻』（有斐閣，1921年）38頁は、フランス法の沿革に照らし物権行為の独自性を認める必要はないとした。これを皮切りに、我妻栄、近藤英吉、田島順、川島武宜、林良平、柚木馨らの支持を得て通説化した。たちまち通説の地位を襲ったこの見解に対峙してなお有力に主張されたのは、末川博「特定物売買における所有権移転の時期」民商法雑誌2巻4号（1935年）206頁以下に始まる新たな物権行為独自性説であるが、これもまた、ドイツ法とは異なって、日本の取引慣行を重視した日本法に特有の議論であった。

9 ius ad rem（Jus ad remと表記されることもある）は、「物への権利」と訳される、対第三者効を有する一種の物権取得権である。この権利によって、二重売買紛争において第一買主が悪意の第二買主に優先しうるという結果が導かれた。これは、近代以前に慣行的に発達してきた権利であったが、取引の安全に対する脅威になるものとして、転用物訴権などと共に、ドイツ民法制定時に否定された。詳しくは、好美清光「Jus ad remとその発展的消滅」一橋大学研究年報・法学研究3（1961年）179頁以下を参照。

10 もっとも、後述するように、不法行為構成により、実質的には、背信的悪意者排除論に近い処理がなされることになるし、オーストリアの判例のように、第二買主に善意・無過失を必要とする公信保護的な処理が不可能でないことは、きわめて興味深い。この点につき、有川哲夫「オーストリア法における不動産の二重譲渡（1）」福岡大学法学論叢22巻3＝4号（1978年）596頁以下が詳しい。

第2部　民法部会

11　鎌田薫「対抗問題と第三者」星野英一ほか編『民法講座2　物権』（有斐閣、1984年）101～105頁、松岡・前掲（注2）「不動産所有権二重譲渡紛争について（1）」67～72頁、舟橋・徳本・前掲書（注7）582～588頁〔吉原節夫〕。

12　鎌田・前注書105～114頁、125～135頁、舟橋・徳本・前掲書（注7）589～604頁〔吉原〕。これに対して、松岡・前掲（注2）の諸論文は、判例は実質的には悪意者排除説になっていると評価し、さらに、善意有過失者をも排除すべきだと主張している。

13　林良平京都大学名誉教授（1919～1995年）。神戸商業大学・神戸経済大学・神戸大学を経て、1954年より京都大学教授。物権法から研究を開始され、財産法全般にわたり、精細で深い考察を行われた。主著に、『物権法』（有斐閣、1951年）、『債権総論』（共著、青林書院新社、1978年）、『林良平著作選集ⅠⅡ』（有信堂高文社、1989年）がある。

14　1980年4月時点の民法担当は、林良平教授、奥田昌道教授、北川善太郎教授、前田達明教授、錦織成史助教授、辻正美助教授で、いずれもドイツ民法を主として研究対象とされていた。

15　2006年4月時点の民法担当は、錦織成史教授、山本豊教授、松岡久和、潮見佳男教授、山本敬三教授、横山美夏教授（フランス法担当を兼務）、佐久間毅教授、橋本佳幸教授で、横山教授以外は、やはりいずれもドイツ民法を主として研究対象としている。

16　それぞれ取り上げる視座を異にするが、好美・前掲（注9）「Jus ad remとその発展的消滅」384～403頁、松岡・前掲（注2）「不動産所有権二重譲渡紛争について（1）」107～115頁、磯村保「二重売買と債権侵害（2）」神戸法学雑誌36巻1号（1986年）25～63頁、吉田邦彦『債権侵害論再考』（有斐閣、1991年）513～519頁で紹介・検討されている。

17　Vgl. Konrad Zweigert and Hein Kötz, An Introduction to Comparative Law, 3rd ed. Clarendon Press, 1998, pp. 551-561; Peter Schlechtriem, Restitution und Bereicherungsausgleich in Europa I, Mohr Siebeck, 2000, S. 63-70. 松坂佐一『英米法における不当利得』（有斐閣、1976年）の序では、この時点でも「不当利得なる独立の制度はまだ認められていない」と評価している。

18　Vgl. Zweigert and Kötz, a.a.O. pp.545-551; Schlechtriem, a.a.O. S. 2-8. 山口俊夫『フランス債権法』（東京大学出版会、1986年）169～173頁も参照。

19　学説では類型論が通説化していると言われるが、判例は、なお衡平説を維持している。もっとも、判例にも、類型論の成果が様々な形で取り込まれており、衡平説の理論的帰結が維持されているわけではなく、判例の総体を類型論的に読み解く可能性は残されている。そのような試みとして、篠塚昭次・前田達明編『新・判例コンメンタール　民法8』〔松岡久和〕（三省堂、1992年）258頁以下。

20　受取人口座の残高が誤振込以後に変動した場合には、後述するように、英米法的な発想で誤振込者の優先権を認める解釈をとっても、優先権が認められる範囲をめ

ぐって、困難な問題を生じる。これについては、松岡久和「アメリカ法における追及の法理と特定性」林良平先生献呈論文集『現代における物権法と債権法の交錯』(有斐閣、1998年) 357頁以下が詳しい。
21　最判平成8年4月2日民集50巻5号1267頁。
22　さしあたり、松岡・前掲（注20）「アメリカ法における追及の法理と特定性」を参照。Lionel D. Smith, The Law of Tracing, Clarendon Press, 1997 に詳しい。
23　預金債権の不成立という処理や、錯誤無効により成立した預金債権を取り戻すという構成など、多様である。松岡久和「平成8年判批」平成8年度重要判例解説（ジュリスト1113号、1997年）73頁以下を参照。
24　物権的価値返還請求権説を採る代表的論者は、Harry Westermann, Sachenrecht: ein Lehrbuch, 5. Aufl. mit einer Einführung in die Fortentwicklung des Sachenrechts zum Stand vom 30. 6. 1972, C. F. Müller, 1973, §30 V; 四宮和夫「物権的価値返還請求権について」我妻先生追悼論文集『私法学の新たな展開』（有斐閣、1975年）185頁以下。価値追跡説は、Walter Wilburg, Gläubigerordnung und Wertverfolgung, Juristische Blätter 1949, S. 49 ff; Volker Behr, Wertverfolgung, Alfred Metzner, 1986。価値追跡説の紹介と検討として、松岡久和「『価値追跡』説の展開と限界」龍谷大学法学部創設二〇周年記念論文集『法と民主主義の現代的課題』（有斐閣、1989年）322頁以下、同「ベールの『価値追跡』について」龍谷法学22巻2号（1989年）1頁以下。端的に、一定の発生原因に基づく債権に、債権の形態のままで対第三者効を付与すべきだと主張するものとして、川村泰啓「『所有』関係の場で機能する不当利得制度（13）」判例評論144号（1971年）3頁以下。方向性のみを示す綱領的論文であるが、松岡久和「債権的価値帰属権についての予備的考察」龍谷大学社会科学研究年報16号（1986年）68頁以下も参照。なお、四宮和夫『事務管理・不当利得・不法行為（上）』（青林書院、1981年）187〜188頁も、物権的価値返還請求権とは別に、侵害利得返還請求権に一定の対第三者効を付与するべきだと主張している。
25　物権的価値返還請求権説に対する最も詳細な批判として、Dieter Medicus, Ansprüche auf Geld, Juristische Schulung 1983, S. 897 ff。松岡・前注「『価値追跡』説の展開と限界」339頁にまとめたように、物権的価値返還請求権説は、ドイツ民法学界には受け入れられていない。興味深いのが、前注のWestermannの著書の記述の変遷である。1986年にWestermannが亡くなった後、Karl-Heinz Gurskyがこの部分を校訂しており、2分冊となった1990年の第6版では、第5版の叙述がほぼそのまま維持されていた（S. 191-195）。しかるに、再び1冊にまとめられた1998年の第7版では、§30 Ⅳ（S. 197-198）において、通説に従い、物権的価値返還請求権説を明確に否定するに至った。日本民法学上も、四宮・前掲（注24）の論文の提唱した物権的価値返還請求権説は、加藤雅信、好美清光、広中俊雄などの支持を得て有力説と受け止められてはいるものの、多数説には至っていない。価値追跡説や、さらにその先を目指す川村・松岡などの考え方には、ときおり論及されることがある程度で、議論らしい議論もいまだ存在しない。もっとも、近時、この

ような方向を目指す若手研究者の論文も複数登場しており、今後の展開が期待される。

第3部 公法部会

ヨーロッパにおける法の現今の動向
―― 単一経済圏から憲法を有する政治連合へ？――

ユルゲン・シュヴァルツェ
松原敬之訳

I

　今日から50年以上さかのぼる欧州統合黎明期の旗印は、統一された経済圏を創設すること一色であった。
　機能的統合の原則に従い、共同市場の創設を経て欧州の政治的統合の実現をも図ることが、目標とされた。即ち、最初から欧州憲法といった大きな設計図を描くのではなく、まずは経済分野で具体的な実績を築いていって、更なる政治統合という目標に資することが図られたのであった。
　この構想は、最初の欧州共同体条約である1951年のいわゆる石炭鉄鋼共同体条約の前文に明確にうたわれている。
　「欧州は先ずは実際的な結び付きを創造するような具体的実績、及び経済発展の為の共通の基礎を創設することによってのみ構築し得る、という意識のもとに、経済共同体を創設することによって諸国民のより広く、より深い共同体を形成する礎石を築くことを決意した。」
　（後に）三つの欧州共同体が創設されたのは、このような現実主義的背景があってのものだったわけである。この欧州という大陸の歴史において理想だけは高い欧州統合のプランが数多く提唱されては、現実的な進歩にはつながらなかったのが常であったが、今回初めて経済の分野で事実上の

結び付きを作り上げ、これを地盤に欧州の政治統合を築くことが図られたのである。欧州統合の父に数えられるジャン・モネが「具体的実現物」と述べたものに属する中心的考え方として、共同市場の創設というものがあった。

この概念は、欧州司法裁判所の表現を借りれば、「各国市場を統一市場に融合して、可能な限り真の内国市場の条件と変わらなくすることを目標に、共同体内の商取引の障壁を全て撤廃すること」を念頭に置いているのである。

II

経済統合をテコに欧州の政治統合を促進するという目的の為に、各加盟国の憲法は新たに創設される欧州共同体に主権的権利を委譲するという特別の権限委譲を認めている。

例えばドイツ基本法第24条第1項は、「連邦は法律によって主権的権利を国際機関に委譲することができる。」と定めている。基本法は後に欧州連合に対してもこの方針を踏襲した規定を基本法第23条第1項に盛り込み、ドイツ連邦共和国は、「統一ヨーロッパを実現するために、欧州連合の発展に協力し」、そのために必要とあらば相当の主権的権利を欧州連合の機関に委譲するとされている。

こうしたことを憲法に新たに盛り込んだことにより、ドイツ連邦共和国は、基本法の起草を委ねられた議会の委員会の傑出した一員であったカルロ・シュミートの言葉を借りれば「新たに構成された、超国家的世界へと広く門戸を開」こうとしたのだった。

当初基本法の第24条第1項にのみ盛り込まれていた国際機関への主権的権利の委譲を可能とする条項は、結果的に憲法面からの欧州統合の呼び水となったのであった。各加盟国がそれぞれ主権的権利を持ち寄って共同でこれを行使するようにし、もはや一国単位では為し得ないようなことを

為し得る、国境を越えて権限を有する「立法・行政組織」を創設したのである（W. v. ジムゾン）。

かくして成立したものの一つが超国家的立法権であって、欧州共同体条約に定めた分野において立法を行うことができ、その法は加盟国の国内法に優先し、加盟国に対してのみならずEU市民にも直接行使できる権利を付与するものなのである。

Ⅲ

欧州域内市場は依然として欧州統合の根幹をなす基盤であり中核である。域内市場とは、条約（EC条約第14条第2項）の文言によれば、「商品、人、サービス、資本の自由な移動が保障されている、域内の境界が存在しない空間」である。当初条約により目指されていた1970年1月1日迄の共同市場の創設は不完全にしか実現を見なかったので、ECは1987年に発効した単一欧州議定書をもって第二弾となる試みを行うこととし、再び期限を設け、目的も若干修正して更に範囲を広げたものとして、1992年末迄の欧州域内市場の実現を目指す旨宣言した。この第二弾をもって、欧州域内市場の実現に向けて本格的な進展が見られたのであった。

しかしまた、域内市場というものが或る時点をもって達成されればそれで永遠に続く最終の状態になるというわけではなく、むしろEUとして継続して取り組むべき課題である、という認識も次第に定着してきている。

欧州域内市場の原則をなす要素には、共同体内の市民と企業に付与された基本的自由（商品流通の自由、被用者の移動の自由、開業及び役務の自由、資本移動の自由）並びに共通の欧州競争法の実施といった点がある。EU経済のいわば憲法とも言える理念は、自由な競争を伴う開放された市場経済の原則だとされている（EC条約第4条第1項）。

第3部　公法部会

IV

　1992年に調印されたマーストリヒト条約における言葉遣いを見ても、当初は経済統合に専念していた欧州経済共同体（EEC）がその後政治面にも目を向けた連合へと変遷を遂げたことをうかがわせている。

　マーストリヒト条約により、欧州連合（EU）及び欧州共同体（EC）の設立が申し合わされた。欧州通貨統合の導入と並び、同条約はEU加盟国全ての国民を対象としたEU市民権を導入し、これは各国の国籍に取って代わるものではなくて補足するものとされ（EC条約第17条）、また、外交・安全保障及び司法・内務協力分野（EU条約の三本柱の構造）での主として政府間における加盟国間協力という、政治面の新機軸が打ち出された。EUをより政治志向としていくこうした方向性は、後のアムステルダム（1997年）及びニース（2000年）改訂条約でも踏襲された。

V

　EU及びECの構造に関しては、共同体条約が内容面でも機能面でも憲法的性格を有していることがかなり以前から認められるところとなっている。

　共同体条約はEUの為の独立した意志決定機関制度を設け、その主たるものが共同体の利益のみを追求する独立の行政府（委員会）、また、今日主に理事会と欧州議会とによる共同決定の形で行われる共同体立法、そしてとりわけEUにおける憲法裁判所及び行政裁判所的な権利保護審として機能する共同体裁判権である。

　EUが依然として特殊な制度的構造を有し続け、国家でも連邦国家でもないとしても、その独特の超国家的組織なりに民主主義及び法治国家としての原則には従わなければならないのである。各加盟国同様にEUも、欧

州に共通する憲法の伝統に則って基本権の保護（EU 条約第 6 条第 2 項）を認めている。これが、後で示すように、欧州基本権憲章の策定へとつながったのである。EU と加盟国との間での権限の配分については、依然として限定した個別委譲の原則に従っており、即ち、共同体条約が共同体及びその機関に割り振っている分野においてのみ、そして認められている手段によってのみ行動してよいこととなっている（EC 条約第 5 条第 1 項、第 7 条第 1 項第 2 文）。

共同体の権限の行使に関しては、補完性の原則という中心的要請に注意を払わなければならない。この原則は、例えば共同通商政策（EC 条約第 133 条）のように共同体の専管事項とされている分野を除き、加盟国が実施するのでは措置の目的が十分に達成されず、措置の規模または効果の面で、共同体レベルで実施する方がよりよい成果が得られると考えられる場合（EC 条約第 5 条第 2 項）に限って共同体が行動を起こすよう、求めているのである。

欧州統合の共通基盤、そして更には決定的な統合の手段をなしているのは法であるので、共同体のシステムにおいて裁判所によるチェックが重要な意味を持ってくる。条約の解釈及び適用に際して法の尊重を図るのが、欧州司法裁判所及び第一審裁判所の役目である（EC 条約第 220 条）。古典的な国際裁判権とは異なり、共同体裁判権は拘束力を有するものである。即ち加盟国は条約を通じて共同体裁判権に拘束されることに同意したのである。また、従来の国際法の原則とは異なり、EU 市民もこの裁判権に直接訴えることができるようになっている。欧州司法裁判所は、加盟国や個人から直接訴えを受けて審理を行うだけではない。各国の国内裁判所からの付託を受けて、共同体法の解釈に疑義がある場合の解明の為に先決的判決（EC 条約第 233 条）を行うこともできるのである。

第 3 部　公法部会

VI

　時が進み、EU として活動する範囲がその経済法的な核心を越えて政治の分野にまで広がっただけではない。加盟国の数も増え続けてきているのである。2004 年 5 月 1 日に中東欧を中心とする 10 ヶ国が一挙に新規加盟した最近の拡大により、今日加盟国は 25 ヶ国にのぼる。設立当時の加盟国が 6 ヶ国（ベルギー、オランダ、ルクセンブルク、イタリア、フランス、ドイツ）であったから、その 4 倍を超えたことになる。

　このように加盟国の数が大幅に増大したことだけでも、EU の制度や意思決定方式における改革が必至の課題となっている。こうしたことは、最近の条約改正（2000 年 12 月のニース条約、2003 年 2 月に発効）でも十分には実現をみていないのである。とはいえ、ニース条約で抜本的な制度改正がいくつか行われた。即ち、欧州議会における議席配分の改訂、2005 年 1 月 1 日以降の閣僚理事会での持ち票の割り振り見直し、そして 2005 年以降の EU 委員会の組織改編である（どの加盟国も派遣できる委員は今後一名のみとする）。なお、加盟国の一部が先駆グループとして他の加盟国よりも積極的に協力を推進し易くする環境も整えられた。

VII

　既に 2000 年 12 月のニースにおける欧州理事会において、合意した条約改革が内容面で不十分であり、加盟国数が 25 ヶ国に増える欧州連合にふさわしい姿・形を与えるものとはなり得ないことが明らかとなっていた。

　それ故欧州理事会は既にニースにおいて、首脳会議を 2004 年に開催して次の 4 点の改革案件の実現を図る旨決議したのであった。

1．補完性の原則に沿っての、EU と加盟国との間でのより良き権限分配

2．既に策定されている欧州基本権憲章の法的地位の明確化
 3．条約の簡素化
 4．各国議会の欧州組織構成への編入

　方法論の点でも大幅な変更が決議された。即ち、それまでは欧州共同体条約の改革は従来の首脳会議で策定・決議されてきていたものを、今度は主として各国議会及び欧州議会の議員から成る諮問会議が元来の首脳会議に対して上申することとされたのである。

　そこで、ジスカールデスタン元フランス大統領を議長とする憲法会議が設置され、ほぼ一年半の協議を経て2003年7月に欧州憲法条約の草案を提示した。欧州連合は欧州基本権憲章の策定にあたって既に諮問会議を設置したことがあったので、このいわゆる諮問会議方式の採用は今回が二度目であった。なお、最初の諮問会議でEU基本権の為の欧州憲章を起草したのは、ローマン・ヘルツォーク元ドイツ連邦大統領が議長を務める諮問会議であった。

VIII

　憲法諮問会議の草案は個別の修正を経て2004年10月29日の首脳会議で了承された。このEU憲法条約（正しくは「欧州のための憲法を制定する条約」）という名称は、「憲法」という概念が含まれていることによってこれが内容的にEUの基本的秩序、すなわち憲法を創設したいという意思を表明する一方で、「条約」という概念が含まれていることにより、その憲法の実現は加盟国の同意を要するものであって、各加盟国が統合を条約の形で遂行する主体であることに変わりない、ということをも表現している。

　既に述べた通り、これまでも有効であったEU共同体条約がその内容面から見て既に憲法に相当する秩序の根拠をなすものとなっていたのは事実である。しかし、そうした憲法秩序が今回の憲法条約で新たな構造を得、内容面も一層改善され、名称も明示的に憲法とすることとなったのである。

憲法条約の中身は四部から成る。第1部はEUの目的や原則についてであり、第2部は欧州基本権憲章を若干内容面で修正したものを条約に組み入れたものであり、第3部は大筋において従前の条約法を取り入れてこれまでの条約との法的継続性を示すものであり、第4部は一般的な最終規則となっている。

基本権憲章を取り入れたことと、権限分配を明確な制度としたこと以外の点で、この憲法条約が顕著な進歩をもたらしているのはとりわけ機構制度面であって、例えば常任の大統領職はEUに一層の安定性と継続性を付与することを期待するものであり、EU外務大臣職はEUが外交分野で一層結束して行動できるようにする為のものである。更に欧州議会も委員会選挙や立法権、予算権に関して権限が強化されることになっている。なお、各国議会も出来るだけ早期にECの意志決定プロセスに参加させて、とりわけ補完性の原則が遵守されているかを各国議会が監視するものとされている。

更に、加盟国間の平等も、そしてEU内の市民の一票の重みについても配慮がなされ、既に発効しているニース条約に輪郭が示されていたいわゆる二重多数決の原則が更に具体化されることとなった。それによれば、欧州理事会が特定多数決をもって決議する場合、加盟国の55％以上、数にして15ヶ国以上、市民の65％以上の賛成が必要だとされている。

統一経済圏と、憲法を持つ政治的連合との結び付きということをこれまで見てきたのであるが、最後に憲法の経済分野に関わるところでは、EUの理想像について、少なくとも用語の変化が見られる。即ち、この憲法条約（第Ⅰ-3条第3項）において初めて、EUが「社会的市場経済」の理念を奉じる旨、明示的にうたわれることとなったのである。

この憲法草案を総合評価するならば、諮問会議のジスカールデスタン議長自らが下した「完璧ではないが、期待を上回る」という評価には同意できる。欠陥があるとはいえ、「多様性の中での統一」という草案中の一節を容認可能な形で実現できた憲法草案である。憲法条約とは、既存の条約

の現実的な継続発展を意味するものなのであり、全く新しい飛躍などではないのである。

　憲法条約は加盟国それぞれの憲法に取って代わるものでは決してなく、むしろ共存して、加盟国とEUの憲法法の間に相互関係のつながりを創出するものである。これにより、この憲法法は欧州共通の憲法の諸原則をおしいただくものである、という考え方にふさわしい憲法条約となっている。

Ⅸ

　十分に実践を踏まえた憲法草案であって、決して全く新しく作られた欧州憲法プランなどではなかったにも拘わらず、この憲法条約は周知の通り各国における批准手続きで双手をあげて賛成されるには至らなかった。憲法条約は、その内容に拘わらず既存の共同体条約の改訂条約に変わりないので、発効には全加盟国の同意を要する。EU条約第48条第3項は、決議された改訂が全加盟国によってそれぞれの憲法法上の規定に従って了承されて初めて発効すると定めている。フランスとオランダにおける国民投票の結果が否定的であったことを受けて、2005年6月16日、17日にブリュッセルで開催されたEU首脳会議では、検討期間を設ける決議がなされた。

　既に（ドイツを含む）10ヶ国において批准が無事完了したこともあって、批准プロセスを最終的に期限切れとしてしまうのではなく、時間的に延長すべし、という合意がなされた。

　このブリュッセル・サミットを機に加盟国首脳はEU憲法条約の批准に関する声明を出し、「2006年前半に会合を開いて、各国における議論の評価を行って批准プロセスの今後の進め方を取り決める」こととした旨明らかにした。

第 3 部　公 法 部 会

X

　欧州憲法条約が EU の創設時からの加盟国であるフランスとオランダ両国において批准されなかったにも拘わらずまだ見込みがあるものなのか否か、現時点では判断の極めて難しいところである。悲観論にも十分に分があると言える。

　とはいえ、欧州統合過程において、何度となく敗北を経験しては、後に現実的な解決を図って一歩ずつ克服してきた、という歴史を我々は経験してきている。今回もあり得ないことではない。しかし、今回の危機が根深いものであり、欧州統合の今後の進め方について根本的な見解の相違があることが露呈したことも否めないのである。想定される展開としては、憲法条約が最終的に否決されて終わるか又は後に現行案が意外にも採択されるという原則的な解決が考えられるほかに、一部修正したり、部分的に受け入れたりするという解決も考えられる。

　例えば、憲法条約をその本来の憲法的部分（第 1 部、第 2 部、第 4 部）に限定し、その上更に条文を一層圧縮する、といった解決である。

　或いはまた、いずれ憲法条約の中でもとりわけ基本権憲章のようにその意義や機能で広く合意がなされている個別の要素にしぼって発効させるということも十分考えられる。そのほか、個別の制度変更を従来からの条約改訂手続きを通じて行うことも考えられる。それに、憲法条約の個別の要素が批准されずとも既に効果を発揮することがあり得るということも見過ごせない。そうしたことは欧州基本権憲章で既に起きており、まだ法的に拘束力を有さず、これまでのところ高らかに宣言されただけの憲章であるのに、ルクセンブルクの第一審裁判所も個別の訟務官も最終弁論においてこの憲章に依拠するということが既に行われているのである。ドイツが憲法条約を批准した今、各国の議会が憲法条約において約束された欧州統合プロセスに参画する権利を、少なくとも国内の憲法法及び制定法に従って

要求するようになることは、十分考えられる。

XI 結　論

　私に課されたテーマに対する締めくくりの答えとして、EU が既に今日単一経済圏であるのみならず、憲法はまだ不完全で限定した効果しかないとはいえ、政治的連合をなしている、と結論づけたい。

　欧州憲法条約といったものは、それが場合により修正されたもので、本来の憲法的な要素に限定した形だとしても、依然として望ましいものと思われ、むしろ必要ですらあると考えるものである。何故なら、個別の加盟国は今日では欧州という全体的システムの傘の下の一部分としてしか存続できないからである。そうしたシステムに組み込まれることにより、各加盟国はグローバル化の時代に失ってしまっていた政治・経済面の影響力を若干なりとも取り戻すことができる。同時に、そうした憲法条約があれば、EU が国際的に行動する主体として果たすことが期待されている役割を、憲法という確かな基盤の上に立ってより果たし易くなるという可能性を EU 自体に付与することにもなるのである。

ヨーロッパにおける最近の法的発展方向
――統一市場から政治的連合へ？
：特に制度間競合の中における基本権の意義を中心に――

西 原 博 史

I 自由、民主制、基本権の価値を目指して

　グローバリゼイションの中で、どんな法秩序も外からの影響を受けずにすむことはあり得なくなっている。公法の分野に関していえば、基本的人権が、様々な影響の結節点を成す。基本的人権は、それぞれの国の憲法の中で、そしてヨーロッパでは書かれざる第一次法として――さらにはヨーロッパ人権規約による国際法上の再審査メカニズムを通じて強化されながら――権力に対する防御権としての役割を果たしているだけではない。ヨーロッパのレヴェルで明らかにされたように、基本的人権は、「ヨーロッパ連合が基づいている価値」（憲法条約草案2条）とされている[1]。
　この条文における宣言がはっきりと明らかにするように、現在のヨーロッパにおける法的な発展傾向は、自由・民主制・基本的人権・法治国家などといった価値を指向している点に一つの特徴がある[2]。共通市場の形成をもってしては、たとえば人間の自由移動の権利は、半分までしか実現できたことになっていないだろう。というのも、自由移動の権利にとって、国境を越えると人権保障の水準が変化するような状態は、本質的に異質といえる[3]。そのためヨーロッパ統合は、必然的に基本権保障のあり方を調整する方向に向かう。統一的な基本権体系が保障された時点で初めて完成したことになる、と言えるかもしれない。この意味では、新しく構想され

た憲法条約草案が整備された人権カタログを含んでいることは、一般論としては、非常に重要だった――2000年の基本権憲章をそのまま採用したことが最適の判断だったかどうかは別問題だが[4]。

しかし、統一的な基本権体系を作り上げようという目標設定をすることは、大きな難問を提起することになる。基本的人権は、一見したところでは内容に普遍性があるように見えるが、実際にはそれぞれの法体系の中で、それぞれ――全体としても、また個別の基本権の内容に関しても――全く違ったものを意味している。顕著な例を一つだけ挙げると、差別的言論における扱いの違いは、基本権解釈の出発点の違いに対応している。日本にも大きな影響を与えているアメリカの理論では、聞き手の人格の独立性を常に踏まえるため、差別を促すような発言それ自体は表現の自由の範囲に一応含められるものとされている。それに対してヨーロッパでは、差別を克服することに向けた国家の正当な任務を意識して、差別の助長につながるような表現は当然のように規制の対象になる[5]。基本的な人間観の違い――そしてその違いは、多くの場面で、国民としての体験への記憶によって形造られている――によって、基本権解釈は、かなり異なった方向へと分岐していることが少なくない。

基本的人権が目指す方向性の分岐は、古典的な防御権の領域を離れ、基本的人権が法秩序全体の原則規範としての意義を果たし始める時点で、特に法的規範構造全般に対して大きな影響を及ぼす。基本権が防御権でしかなければ、基本権は国家としてやってはいけないことの範囲を決めるだけで、国家が何をやるのかにはさほど大きな縛りをかけることはない。それに対して、基本的人権の「客観法的」意義[6]――すなわち、法秩序全体にとっての指導理念を定める価値体系としての意義――を認めることが一般的になっている現在の理論水準を踏まえれば、法秩序が何を目指すべきなのか、国家として期待されるものは何なのか、といった問題すべてが、基本的人権の解釈に関わるものと位置づけられることになる。このように基本的人権が国家任務の体系化において基礎に置かれる価値理念としての意義

を持ち得ることを考えると、統一的な基本権体系を作り出そうとすることが、形式的にいって民主的に作り上げられた法文化に対してかなりの脅威となることを認めざるを得ない[7]。

II 基本的人権の様々な機能

　基本的人権の客観法的な次元を見つけ出し、国家の基本権的保護義務を作り上げてきたことは、世界における基本的人権をめぐる議論の中ではっきりとドイツの貢献といえるところである。基本的人権は国家による侵害を禁止する防御権であるに留まらず、私人による侵害がある場面で基本権的利益を確保するための最低限度の国家による措置を憲法上義務づける、と考えるのが基本権的保護義務の理論である[8]。現在では、保護義務の考え方はドイツの法秩序全体に浸透していると言えよう。この理論を通じて、私人どうしの関係においても個人の基本権的な利益を実現するために最小限必要なものが、立法者によって、そして行政が行う公的任務の遂行によって、法的に尊重されるべきこととされている。

　もちろん、社会契約論の枠組では個人の基本的な自由や権利を守ることが国家存立の目的そのものなのだから、私人間において最低限の人権保障の水準を確保すべき責任が国家にあることは、近代以降の国家において当然のこととなっている。問題は、私人間における利害対立の調整等が民刑事法などを中心とする立法を通じて解決される政治の課題だと捉えるのか、それともそこに基本権条項の解釈を通じて確定される憲法による先取り的決定が認められるのかどうかである。この場面で基本権的保護義務の理論を承認することは、政治的な決断に対する法システムによる先取りを認めることになりかねないし、その点において民主制の機能を限定することになりかねない。そのことを考えれば、保護義務論の導入如何をめぐって、国ごとにある程度の姿勢の違いが見られることは当然のこととも言える。特に、保護義務論の導入が超国家的レヴェルで認められ、基本権保障

の名の下に各国法制度に対して特定の内容的拘束がかけられるなら、そこに主権に対する侵害を見る者が現れても不思議がないことかもしれない。

　ドイツの法体系において保護義務がすでに確固たる存立を獲得しているのに対し、現在でも、ヨーロッパ連合に属する国の中にも基本的人権がもっぱら防御権の機能しか持たないものである点に固執する国がある。そうした国では、基本権的利益が私人どうしの関係の中で保障される水準は、民主的な過程の結果として現れてくる、立法者の自由な決定に委ねられることになる。そうした国において基本権的保護義務論を導入しようとするならば、それは、必要な立法者の決定余地を狭めるものと受け止められるだろう。それに対して、ドイツで保護義務を退けるならば、基本権的利益を不安定にするものと受け取られることになるだろう。現在、ヨーロッパ人権裁判所の判例は、基本権的保護義務を承認するかどうか、注意深く様子を探っている状態である[9]。

　このような状況の中では、保護義務論がどの程度まで人権保障の本質に関わるものとして普遍的に承認可能なものなのか、そしてどの程度まで、たとえばドイツ連邦憲法裁判所による立ち入った憲法異議に対する審査制度を前提とした、特定制度に依存する解釈要素であるのかを、明確化する必要があるだろう。

III　基本的人権を保障する最終的責任の担い手

　2000年12月に高らかに宣言されたヨーロッパ基本権憲章は、もちろん、連合と構成国の両者に共通する基本的人権カタログではない。憲章が構成国を拘束するのは、構成国がヨーロッパ連合の実施機関としての特性を帯びる時だけである。このことは、憲法条約の第2部に取り込まれることになったとしても変わらない。基本権憲章51条(2)項も、憲法条約草案第2部111条(2)項も、基本権憲章がヨーロッパ連合／ヨーロッパ共同体を一方に、構成国を他方にした権限や任務の配分に変化をもたらすものでは

ないことを規定している。

　領土内において基本的人権を保障する個々の構成国の最終的な責任は、誰にも攻撃されていない。しかしそれにもかかわらず、構成国は、自ら保障する基本的人権の内容を自分自身で定義する権限を次第に失ってきているかのように見受けられる。たとえば憲法条約草案第2部に取り込まれた基本権憲章は、一定の社会的基本権を含んでいる。草案第2部94条(3)は、「住宅支援」を求める権利を保障する形になっているが、連合／共同体が住宅政策を管轄しない状況の中でこの「住宅支援を求める権利」が何を意味するのかは、論争喚起的であった。権限や任務の配分に関する変化が裏から持ち込まれているのではないかという疑いを呼び起こすためである[10]。

　一般に、社会的基本権をどのような内容で、どの程度の強度で保障するのかという問題は、社会政策の実施にあたって国家レヴェルで決定すべき数々の要因と結びついている。そうした要因に関する決断を各国レヴェルにおける政治システムの任務から取り去り、超国家レヴェルに設けられた裁判所による条約解釈に転換させるならば、問題解決をめぐる意思決定メカニズムに根本的な修正が加えられることになる。これは、単に「構成国の憲法伝統に共通する」基本権をヨーロッパ連合の法秩序の中で書かれざる第一次法としての法の一般原則の中に認めていくというような水準の問題ではなくなってくる。

　法的拘束力のない宣言文書として社会的基本権を保障することと、法的拘束力を持つ規範として社会的基本権を保障することとの間には、大きな溝がある。憲法条約草案の中に基本権憲章を取り込むことによってその溝を踏み越えようとしている今、法解釈問題と民主的利害調整の境界線をどこに引くかの問題は、改めてアクチュアルなものとなっている。もともと拘束力ある社会的基本権という発想は、アメリカ型の競争社会を実現しようとするモデルとは異なった、「ヨーロッパ的なやり方」を示していくはずのものだった[11]。ところが、条約に基本権憲章を取り込むという手法が

様々な変化に通じる可能性をもっていたわけで、国民の漠然とした不安につながり、批准手続がもたつく結果につながるという、意図せざる役割をも果たしてしまった。

　社会的基本権の憲法上の保障において先駆的な立場にあった日本においては、比較的最近まで、社会的基本権の保障をもって権力エリートによる社会形成的活動に対する授権と理解するような解釈が一般的であった[12]。現在のヨーロッパにおける議論のあり方が裁判上実現可能な権利保障の核心領域を特定することに重点を置いていることからしても、日本と同じ過ちに陥る蓋然性は低い。ただ、それでは個別の社会権が、どのように解釈したら一方において各国レヴェルにおける政治的決断を機能不全に陥れることなく、他方で個人にとって必要な給付を確保できるシステムとして機能するかは、なおも将来の実務に委ねられた課題と言える。

　そして、これまで当然であった権限配分を超えて、基本的人権の保障のあり方に関して構成国相互間および連合／共同体との間の相互作用は、実際に緊密化してきている。ヨーロッパの次元における基本的人権に関わる規範が、様々な妥当性様式において、各構成国に対する模範として妥当している。たとえば、平等の領域においては——最初は性差別の禁止を具体化する形で——様々な平等取扱指令が存在しており、その内容は細かい点に至るまで欧州司法裁判所によって解釈・決定されている。その際のヨーロッパのレヴェルにおける差別禁止規定の解釈は、差別そのものを個人の権利に対する直接的侵害と捉える傾向が強い。これは、差別問題を基本的には「正義」の実現のし方との関係で問うていくドイツ憲法学の伝統的な手法とは相当のズレを見せていた。実際には、連邦憲法裁判所がこの周囲の状況に合わせるために「新定式」と呼ばれる理論枠組を導入する形でドイツ基本法3条の平等に関するこれまでの判例を全面的に見直さざるを得なくなっている[13]。

　ヨーロッパの次元で基本的人権にどのような意義が認められるのかという点は、各国レヴェルにおける基本権の全体系にとって必然的に強い影響

を及ぼす。その際、ヨーロッパ連合が基本権の「価値」に基づこうとする点については、すでに一致が見られている。ヨーロッパの基本権が保護義務として解釈されればされるほど、各国の立法者が民主的な意思形成過程を経て対立しあう利益を調整し、その際に当該社会にとって適切な規律密度を選択する余地は小さくなっていくであろう。

Ⅳ 展　　望

　基本的人権の領域においても、ここで述べたヨーロッパ連合と構成国の相互の適応過程は、もはや回避可能なものではない。その際、ヨーロッパ次元における基本的人権の意義は、すでにできあがった実体となっているわけではなく、様々な法体系の間における継続的な相互作用の結果でしかない。ここには、国ごとに作り上げられてきた法的考え方の体系間競合の状態が存在している。そのため問題となるのは、継続的なコミュニケイションを通じて、相互に発展ラインを調整することであり、その点については、これまでそれなりにうまく進んできているという評価は可能であろう。
　これまで建設的な相互作用を実現してこられた背景として、基本権保障を通じて実現しようとする基本理念の一致という条件があったことの意味は重要であろう。そしてそのような中で、基本権一般、あるいは個別基本権に関して、考え方が固定化して現実の問題との緊張を失った所で、外からの刺激を受けて位置づけを変化させ、基本的人権の保障が狙っている意義を現実的過程との関係で取り戻すことに、多くの国が成功しているように見受けられる。これは、基本的人権に関する体系間競合を作動させた場合に必ず実現できるものではない。体系間競合の建設的な役割は、ヨーロッパ法学におけるこれまでの緊密な相互参照という伝統と、それを踏まえながらも焦らずに一歩いっぽ確実に歩を進めるここ半世紀のヨーロッパ統合の進め方の上で初めて成り立ったことも忘れてはならないだろう。
　日本法は、この点において相互作用に直接の影響を及ぼすことはあり得

ない。あったとしても、ドイツ法学との交流などを通じた、極めて間接的なものに限られる。しかし、将来において東アジアに基本的人権の共同体を設立することを目指したコミュニケイションにもし我々が着手するならば、基本的人権が保障すべき内実を相互の調整を通じて摺り合わせていく作業に乗り出さざるを得ない。その場合には、日本の学説および実務がヨーロッパの基本権のあり方に対して間接的な影響を及ぼすことも不可能ではないだろう。

1 憲法条約草案第1部2条「連合が立脚している価値は、人間の尊厳の尊重、自由、民主制、平等、法治国家性および少数者に属する者の権利を含む人権の維持である。これらの価値は、すべての構成国にとり、多元性、非差別、寛容、正義、連帯および男女の平等を特徴とする社会において、共通している」。
　　この規定は、連合がすべての構成国に共通するものとされた「自由、民主制、人権と基本的自由の尊重、ならびに法治国家の原則に基づく」ものと規定されたアムステルダム条約（1997年調印、1999年発効）によるヨーロッパ連合条約6条を引き継ぎ、充実させたものである。なお、マーストリヒト条約（1992年調印、1993年発効）当時の連合条約F条は、民主制を構成国の問題とし、また連合については基本権を「尊重」する点を明記するに留めていた。そのため、原則ないし価値原理としての基本権や民主制の位置づけは、アムステルダム条約の起草過程以降に初めて意識されることになった。
2 マーストリヒト条約以降、ヨーロッパ連合は新規加盟の条件として連合条約旧F条ないし6条の遵守を求めている（連合条約49条＝旧O条）。また、ヨーロッパ共同体による開発援助の際にも、「人権、民主制の原則および法の支配」という理念が常に配慮される（ACP［アフリカ、カリブ、太平洋］諸国とヨーロッパ連合のパートナーシップに関する2000年のコトヌー協定9条）。
3 すでに1958年のローマ条約当時に、「社会的ダンピングの防止」は共通市場形成の重要な条件と認識されており、賃金に関する性差別禁止規定の導入（共同体条約旧119条＝114条1、2項）へとつながった。にもかかわらず、社会政策が基本的に構成国の管轄とされたこと等に起因して、移動労働者の権利保障は常に難しい問題を提起している。
4 後述のように、基本権憲章の制定に際しては、法的拘束力を常に確保できる防御権に限って基本権としての意義を認める立場を退けて、社会的基本権を広範に取り込み、その結果として当面は法的拘束力を断念して「宣言」として置いておくに留めるという決断が下された。すべての条項に法的拘束力を直ちに付与できるかどうかについて、現時点ではなお厳密な検証が行われているわけではない。

5　アメリカ合衆国は1994年まで、日本は1995年まで、1965年12月21日採択の人種差別撤廃条約を批准してこなかったし、両国とも人種差別表現等の禁止を求める4条(a)、(b)項が適用されない旨の留保宣言を行っている。アメリカの代表的学説に関し、Laurence Tribe, American Constitutional Law, 2nd ed., New York 1988, pp. 925 ff. 本文記述の理論的背景につき、Thomas Scanlon, A Theory of Freedom of Expression, 1 Phil. & Pub. Aff. 204 (1971). それに対しドイツでは、1969年に早々と人種差別撤廃条約を批准したが、人種差別表現に対する規制が不十分であるという人種差別撤廃委員会の指摘を受け、1973年に刑法典131条（現130条2項に吸収）で「人種的憎悪を挑発」する表現等の処罰を盛り込んだ。「アウシュヴィッツの嘘」表現などに対する処罰を容認した連邦憲法裁判所判決として、BVerfGE 90, 241（1994年）がある（紹介に、小野寺邦広「『アウシュヴィッツの嘘』規制と意見表明・集会の自由」ドイツ憲法判例研究会編『ドイツの憲法判例Ⅱ』〔第2版、信山社、2006年〕162頁以下）。このテーマ全般に関し、内野正幸『差別的表現』（有斐閣、1990年）参照。

6　基本権を法のすべての領域において妥当する「客観的価値秩序」と捉えた連邦憲法裁判所のLüth判決（BVerfGE 7, 198. 紹介に木村俊夫「言論の自由と基本権の第三者効力」ドイツ憲法判例研究会編『ドイツの憲法判例』〔第2版、信山社、2003年〕157頁）以来、様々な形で議論の対象になってきた。さしあたり、拙稿「基本権保護義務論の位相と『平等の法律による具体化』について」樋口陽一・上村貞美・戸波江二編『栗城壽夫先生古稀記念・日独憲法学の創造力　上巻』（信山社、2003年）193頁、小山剛『基本権の内容形成』（尚学社、2004年）参照。

7　構成国の側には、ヨーロッパ共同体法によって「基本的自由」という理念構造を押しつけられた強烈な体験がある。人、モノ、カネ、サーヴィスの自由移動を内容とし、その意味で共通市場というヨーロッパ共同体の基本理念の言い換えに過ぎなかったこの基本的自由は、個人の前国家的な権利を核に構成される基本権、基本的人権とは全く別種の観念である。しかしヨーロッパ司法裁判所は、共同体条約28、29条（旧30、34条）にいう「量的規制と同等の効果をもたらす措置の禁止」に関するCassis de Dijon判決（Rs. 120/78, Slg. 1979, 649）以降の判例において、禁じられた構成国の措置を見分ける基準として、違憲性審査基準として発展してきた比例原則に近い審査手法を適用するようになる。そうした動きは、場合によっては文化の核心領域に対する強権的な介入と受け止められた。このような記憶が鮮やかな現時点においては、ヨーロッパ司法裁判所が基本権保障の名の下に特定の法文化を強制してくることに対する危機感は無視できる要素ではない。この間の流れにつき、拙稿「欧州憲法条約における基本権保障のあり方」福田耕治編『欧州憲法条約とEU統合の行方』（早稲田大学出版部、近刊）参照。

8　Josef Isensee, Das Recht auf Sicherheit, Berlin 1982; Johannes Dietlein, Die Lehre von den grundrechtlichen Schutzpflichten, Berlin 1992. 日本の文脈で保護義務に対して肯定的に、小山剛『基本権保護の法理』（成文堂、1998年）、批判的に、拙稿・前掲（注6）、拙稿「〈国家による人権保護〉の道理と無理」樋口陽一・森英樹・高見勝利・

辻村みよ子編『国家と自由——憲法学の可能性』(日本評論社、2004 年) 327 頁以下。
9 手探り的に模索する判決として、X and Y v. the Netherlands, ECtHR A/91 (1985). Vgl. Liv Jaeckel, Schutzpflichten im deutschen und europäischen Recht, Baden-Baden 2001.
10 特に社会的基本権に関わって、権利ではなくて司法的に執行困難な原理でしかないものが混在している点に問題があるという認識は、一定の広がりを見せている。Lord Lester of Herne Hill, Introduction, in: Kim Feus (ed.), The EU Charter of Fundamental Rights, London 2000, pp.3 ff.; Lord Goldsmith, Consolidation of Fundamental Rights at EU Level, in: ibid., pp. 27 ff.; Jeff Kenner, Economic and Social Rights in the EU Legal Order, in: Tamara Harvey / Jeff Kenner (ed.), Economic and Social Rights under the EU Charter of Fundamental Rights, Oxford 2003, pp. 1 ff. 憲章の中で法的拘束力のある権利に関する部分と単なる宣言的な社会権の承認とが自覚的に切り分けられなかったことにより、憲章はヨーロッパにおける人権保障の水準を低下させるだけの混乱のもとでしかない、との評価でさえ、根拠のないものではない。Timothy Kirkhope, Carter of Fundamental Rights, the Enhancement of Humans and the Curtailment of Human Rights?, in: Kim Feus (ed.), op. cit., pp. 39 ff.
11 Charles Leben, Is There a European Approach to Human Rights?, in Philip Alston (ed.), The EU and Human Rights, Oxford 1999, pp. 69 ff.
12 Sung-Soo Kim / Hiroshi Nishihara, Vom paternalistischen zum partnerschaftlichen Rechtsstaat, Baden-Baden 2000, S. 25 ff.; Hiroshi Nishihara, Funktionen der sozialen Grundrechte im japanischen Verfassungssystem, ZaöRV 57 (1997), S. 837 ff. 拙稿「〈社会権〉の保障と個人の自律」早稲田社会科学研究 53 号 (1996 年) 109 頁以下。
13 この問題につき詳しくは、拙著『平等取扱の権利』(成文堂、2003 年) 参照。

第4部　経済法部会

Lex mercatoria
——万能薬か、謎か、キメラか——

カルステン・シュミット
松 原 敬 之 訳

I　まず、議論の対象の検証から

1　Lex mercatoria の存在を告げる者

　偉大なる *Ernst Rabel* は 1936 年に、世界貿易が国家法にほとんど束縛されない、とりわけ国際仲裁機関で運用される法秩序を創成した、と述べている[1]。それより数年さかのぼる 1929 年に、同様の主張が既になされていた。例えば *Masaichiro Ishizaki*[2] と *Hans Großmann-Doerth* である。*Großmann-Doerth* は 1929 年にハンブルクの海外クラブで講演し、それが間もなく Juristische Wochenschrift 誌に掲載された。そのタイトルは「法律家と世界貿易の自治法」[3]というものであった。*Hans Großmann-Doerth* は、その論争的著作である「経済が自ら創成した法」[4]をはじめとして、今日までよく引用される学者である。そのハンブルクの海外クラブも、1933 年から 1948 年までは活動の休止を余儀なくされたものの、今日に至るまで盛会であり、このクラブのコスモポリタン的な会員を前に、*Großmann-Doerth* が今日同じタイトルで講演してもおかしくないくらいである。それどころか、このテーマで世界中を講演して回ってもおかしくないであろう。というのも、lex mercatoria は今風に言えば「超はやっている」からである（以前なら「流行語である」と言ったところであろう）。ドイツに関して

は、*Klaus Peter Berger* の多数の論文（筆者の知るところでも凡そ30編）[5]を挙げておくが、*Ursula Stein* [6]のモノグラフィーもただ一編ながら必読であろう。Lex mercatoria、或いは少なくともそれに向けられた注目というものは、グローバル化という現象に対する反応と感じられている[7]。Lex mercatoria は、一部は不文法として、一部は国際的な通商機関により成文化された「世界法」として、国単位の法秩序では光が当たらない隅々にまでその光を照らすものとなっている。Lex mercatoria の到来を告げる者の言う通りだとすれば、lex mercatoria を奉じる世界王国が出来上がり、そこでは陽が沈むことはないのである。本来、国家法であって、「法の抵触」の解決の為の抵触法である国際私法ですら、lex mercatoria にかかれば克服できないことはない法の小国分立状態なのである。コスモポリタン的 lex mercatoria が法の小国分立を克服すると言えば、それに置いてきぼりにされたいと思う者はいないのではなかろうか。

2　批判者

しかし、lex mercatoria については、その到来を告げる者だけではない。批判する者もいるのである。ドイツの観点から著名な例を三つ挙げたい。

a) *Frederick Alexander Mann*（1907-1991）、法学者、ドイツから英国に亡命、弁護士、ロンドン事務弁護士。本論のテーマについては、同じく有名な *Clive M. Schmitthoff* [8]に異論を唱え、自治法たる lex mercatoria の有効性を全面的に否定した。*Mann* の持論は「法が仲裁をなす。（= lex facit arbitrum）」[9]というものであって、この lex は国家法であり、商人の商慣習により創成される法ではないのである。

b) 二年前に Internationales Handelsrecht 誌に次のような主張が掲載されていた。即ち、いわゆる lex mercatoria の理論は「中世の lex mercatoria を復活させようとする試みである。この lex mercatoria という概念は、国際的な商法議論の中を幽霊船のように漂い、中をよく見ようとすると姿をかき消してしまう。まだいかなる立法権威もなかったが故に商慣習が整備さ

れ、またそうならざるを得なかった中世の時代に懐かしく手をさしのべている概念である。」[10]この手厳しい批判を下しているのは、浮世離れした理論の人でも国家法にしがみついた裁判官などでもない、実は立法分野の老練であり、ハンブルク海事法研究所の所長を長年務めた教授であり、国際売買法についてのコメントも請われ、また、国際的に活躍している弁護士でもある *Rolf Herber* なのである。Lex mercatoria[11]を灯台ではなく怪火（Irrlicht）と称した *Herber* は、このように結論づけている[12]。「中世の lex mercatoria 同様、現代に仮に lex mercatoria と括れるような概念があると認めたとしても、いずれも規範性を有する法ではない…。」

　c）一層著名で、より原則論的なところに批判を向けているのが、オスナブリュック大学教授の Christian von Bar である。そもそも lex mercatoria の存在を認めていないのである[13]。よって、裁判所や仲裁機関がこれを根拠に判断することは考えられないし、当事者が準拠法として選ぶことすら考えられないと言う[14]。たとえ仲裁機関や国内裁判所が lex mercatoria に従った内容の命令を出し、lex mercatoria を適用して決定の根拠とすることがあるとしても、それをもって lex mercatoria が法源として適用されたとみなすことはできず、依拠するものに誤りがあった、と見ることしかできないと言えよう。「何故なら、存在しないものは、それに名前を付けてやっても、存在するようにはならないのである。」[15]「法規の集まりである 'lex' mercatoria というものは、それを思い付いた人たちの空想の中にしか存在しない。」[16]なんと *von Bar* は、仲裁決定を lex mercatoria に依拠して行った仲裁裁判官には損害賠償義務がある、とまで言っているのである[17]。

　3　アカデミックな論争、だから無用な論争か？
　a）この論争は手の施しようのない、救いようのない論争である。2000 年に刊行された Otto Sandrock 記念論文集が好例で、賛否両論が収められている。*Filip De Ly*[18]が lex mercatoria を賞賛している一方、*Detlev von Breitenstein*[19]は真っ向から否定論を展開している。*Breitenstein* の論

文は、こう締めくくられている。「*Goldman* により素早く軌道に乗せられた彗星のような lex mercatoria は、しばし法曹界を揺るがし、真剣な見直しへのきっかけとはなったかも知れない。この彗星が何の被害も残すことなく燃え尽き、国際仲裁が再び法の秩序に立ち返ることを望むばかりである。」

　b）このように、lex mercatoria を巡る議論は賛否両極端なのであって、片や全世界に向けられた祝福だと賞賛し、片や悪魔のなせる業と断罪する、という具合である。何故そうなってしまうのか。そうした両極端は、lex mercatoria の概念に結び付いた事実からくるものだろうか。一見しただけでは、lex mercatoria はそうした両極端には似つかわしくないように思える。何故なら、事実を見る限り

―　国際的に認められている商慣習（商習慣と行動ルール）であって、一部（でしかないが）国際機関によりカタログ化されているもの、
―　並びに、国際的に通用している書式、約款、取引条件（これまた一部でしかないがカタログにまとめられている）

といったもののことに他ならないからである。

　こうした商慣習や規則集が存在することは、誰も否定しないところである。そうしたものが特に仲裁機関において場合によりありとあらゆる係争を引き起こしたり、また解決することがあることも、当然といえば当然であり、想定範囲内のことである。これに反して、両極端の間の論争というものはおよそ商慣行らしくない。商人同士であれば争いを回避し、調停に協力し、真っ向から対立することは避けるものだからである。ということは、問題のありかは当事者である商人ではなく、法学者の側にある、と考えられる。そして実際そうなっているのである。通商の世界では、いわゆる lex mercatoria の有効性に疑義は全く唱えられていないのに、我々法学者は lex mercatoria を lex、即ち法として認めてよいものかどうか判断が定まらないでいるのである。その理由はしかし、我々法学者の世界で重箱の隅のつつき合いをしている、といったようなことではない。むしろ、この

lex mercatoria といういかにも特殊に思えるテーマが、実のところ極めて一般性のあるものだ、というところに理由があるのである。論争をつきつめると、「法」とはそもそも何ぞや、という問いに他ならなくなるのである。

　c）となると、lex mercatoria を巡る論争はまさにアカデミックな論争と思える。アカデミックと言っても、その語がよく連想させるような、軽視する意味ではない。確かに、仲裁機関は何の問題も感じることなく lex mercatoria を口にする一方で、法学界がそのようなものの存在すら分からない、という状況は深刻に受け止めなければならない。しかし、これはやはり何と言っても lex mercatoria に依拠して下された仲裁機関の裁定に関わる基本的な問題に違いないのである。その裁定が法的な決定なのか、それともそうではないのか。Lex mercatoria を奉じる人達の多くは、そもそもそうした問題提起には出来るだけ耳を塞ぎたがるのである[20]。しかし、この根本的問題は避けて通れないものになるかもしれない。

4　議論の先鋭化

　Lex mercatoria を巡るこうした根本的議論は、アカデミックな議論のほとんどがそうであるように、著しく先鋭化している。そうした議論では、lex mercatoria がコスモポリタン的万能物だとする意見と、法の衣を借りただけの、規範気取りの存在だとする見方に分断されている。両論とも一方的な誇張であることが明らかとなるであろう。しかし、この論争をただ訝しがって済ませるだけというのも正しくなかろう。普段から lex mercatoria に基づく判断を実践している人達は多くの場合に気付かずに済んでいるとはいえ、こういう問題が起きないとも限らないという例を以下に挙げる。

— Lex mercatoria に則った決定は、法に準拠したことになるのか、或いは衡平と善に従って作られた仲裁意見書に過ぎないのか？
— Lex mercatoria に従った決定が法的決定である為には、この"lex"（＝法）が法律又は慣習法として受容されているか、又は実体的に言及することによって契約内容とされることを前提条件とするのか？

第4部　経済法部会

　―　契約の当事者は、ドイツ民法施行法第 27 条 1 項の規定に則り、即ち国際私法に従い、lex mercatoria を選択することによって国家法の適用を除外できるのか？
　―　Lex mercatoria が国家法、しかも国家の強行法規よりも強いということがあり得るのか？

II　Lex mercatoria の「現実」について――現実と法

1　経験的側面

a）或る法制度の存在がこれだけ争われる場合、経験的側面に不足があるのが原因ではないかと考え、そこから何らかの材料をまずは求めようとするものである。そうした法実務の積み重ねの確認作業はきりがない、というのは事実である。しかしまた、経験的側面で既に蓄積があるということも事実なのである。

　―　ユニドロワ（私法統一国際協会）国際商事契約原則が、lex mercatoria 規則を順次リストアップする最初の企てとなっている[21]。
　―　パリに本部がある国際商業会議所（ICC）や多数の民間機関の文書も存在している[22]。
　―　公表されている ICC 仲裁機関の実務だけを見ても、一貫性が次第に強まってきている[23]。

また、実務者に対する法実務についての聞き取り調査も数多く実施されている（大学に対する調査も同じく行われていたが、私見では無用であったと思われる)[24]。そうした調査は、pacta sunt servanda（合意は守らねばならない）とか good faith（［取引上の］誠実さ）、rebus sic stantibus（事情変更［の原則］）といった特定の法的原則が国際間取引においてどのような意味で理解され、使用されており、そしてそれが国家法に依拠せずに通用しているかどうか、ということを知るのに大変有用である。こうした調査は実務への欠かせない橋渡しをしてくれるという点で、アカデミックな場でも役立つも

のである。

　b）しかし、lex mercatoria と称される規則が存在することが不問とされているばかりでなく、それが法政策上必要であるし存在理由があるということについてもまた、不問とされているのである[25]。これらの規則が法的性格を有するのかどうか、それが法だとして自治性はどうか、そうした調査では触れていないのである。

　2　現実主義者か空想家か
　a）規則の存在が明らかに確認されていながら、それについて論争があるというのは、法学者でない人から見れば解せないであろう。しかし、多くの法曹専門家も同じ思いなのである。文献においても、lex mercatoria を巡る賛否両論が主に偏見によって主張され、分断されたものとなっている、と断じられている[26]。同時に、lex mercatoria のドクトリンの賛否いずれの側も、現実主義の欠如を挙げて非難している。一方は、国際的に認められている規範集の存在から目をそむけるのか、と非難する[27]。反対の立場からは、事実（factum）と法（ius）との区別も分からなくなり、自身の空想の中にしか存在しない法を現実と見せようとする法学者など評価できようか、という反論が返ってくるのである[28]。この膠着状態は、意外でも何でもない。経験からかけ離れて行われて暗礁に乗り上げた原則論の議論であり、いかなる立場も相手側からは偏見、願望思考としか思われなくなってしまっているのである。
　b）裁判所或いは仲裁機関が、当事者が lex mercatoria を準拠法として希望した場合にそれを字義通り受け入れ、国家法に依拠せずに裁定を下したかどうか、という問いでも状況は似たようなものである。これも、裁定の文面を一見すれば解明できそうに思われる。しかしその方法で解明できないのが、次の諸点なのである。
　　── それは法を適用したことになるのか、それとも実は衡平と善に従って行われた裁定なのか。

― この裁定は、もし国家法に依拠して下されておれば別の決定となっていたか。
― そして最後の点として、そのことが理由でこの裁定は正しくないことになるのか（lex mercatoria の否定論者の主張）、或いは超国家法の効力を理由に正しい裁定ということになるのか。

単純化して言えば、弁護士や（仲裁）裁判官が lex mercatoria に言及したと言っても、その言及の有効性については何ら触れたことにはなっていないのである。

3　ここまでのまとめ

これまで論じてきたことから、何が言えるだろうか。まず、lex mercatoria と称される現象を知った。この現象が存在すること、lex mercatoria が国際的に受け入れられている規則集として尊重すべき、有用なものであることも知った。そしてしかし、そもそも何が問題なのかというそのこと自体を我々が正確に分かっていない、ということを確認した。このことはしかし、いくら法実務のことを調べてそれが分かっても、理論面の問いから免れることはできない、ということを意味する。法実務で存在が確認されており、lex mercatoria という名称が与えられており、係争事件の時の判断根拠とされているものが、法学で言う lex（法）でもあるのか。これは法理論的な問いである。

Ⅲ　Lex mercatoria を法理論に照らしてみれば

1　国家法と比較した場合の欠陥

国家法の尺度で検討してみると、lex mercatoria は一連の劇的とも言える欠陥を有している。

a）まず lex mercatoria に特徴的なのが、体系的秩序の欠如である[29]。それ故、よく口にされる lex mercatoria という既定概念はそもそも存在しな

い、と批判されるのである[30]。実在しているのはつぎはぎ状態のものであって、およそ法体系などではない。ただ、事の本質からそうならざるを得ないわけであり、従って非難してそう言われるわけではない。しかし、とりわけ大陸法の視点から欠陥と感じられるこの点から、目をそむけてはならないのである。

　この欠陥は、lex mercatoria を成文化するという場合でも残ることになる。成文法といえば、元々は遺漏無きもの、今日では少なくとも体系化された立法を想定するものである[31]。Lex mercatoria はそうした体系を元々欠くものなのであって、何故ならそれが現実の産物であり、理解の産物ではないからである。従って、lex mercatoria の「成文化」の為に新たに「成文化テクニック」が提案されるというのも不思議ではないのである。リストにする技術である[32]。そうしたリストらしいものが作られ始めているが、実務者からは「Lex（mercatoria）と格闘して、使える形に変える」[33]のに役立つツールだとして歓迎されている。ケルンには Center for Transnational Law があり、Transnational Law Data Bese を有している[34]。

　こうした動きは lex mercatoria の「忍び寄るような」、或いはもっと良い言い方をすれば「ダイナミック」な成文化と賞賛されている[35]。しかし、これが従来の意味での成文法の創成とはおよそ異なるものであることは、火を見るより明らかである[36]。そうしたリストになかなか収まりきらない、という単純な欠陥にとどまるものではない[37]。Lex mercatoria が成文法と全く異なるものであり、原則的に成文化に馴染まない、という欠陥なのである。

　b）しかし、成文法との相違は、lex mercatoria がつぎはぎでばらばらであることだけではない。内容面でも、国家法と同列視するのは限界がある。Collection of ICC Arbitral Awards [38]を見れば、国家法に馴染まないものでは決してない一般約款の承認や具体化という内容となっていることに気付く。即ち、

"general principles of good faith"（Vol. III, p.512）

"confidentiality"（Vol. III, p.512）

"rebus sic stantibus principle and its exclusion"（Vol. I, p.297）

"obligation to mitigate damages"（Vol. III, p.459）

　他方、例えば利率についての規則のような厳密且つ正確な規則などの話はないのである[39]。この理由から、lex mercatoria に依拠した裁定が国家法に依拠した場合に異なった内容になっていたかどうか、分からないというのが通常である。

　c）自律的な、国家法ではない法というものは、次第に憲法に照らして検討されるようになってきている。ドイツに関しては、次の基本則が適用される。即ち、「全ての国家権力は、国民より発する」（基本法第20条第2項第1文）。また、「立法は、憲法的秩序に拘束され、執行権及び司法は、法律及び法に拘束される」（基本法第20条第3項）。従って、仲裁機関ならば議会で合法化されていない法を適用できても、同じことを国内裁判所がするということは期待されていないのである。だからこそ、我々の基本的問いは未解決であるということがより明確となるのである。

2　国家法との関係

　これまで確認してきた所見は、lex mercatoria と国家法との関係についての議論にもあてはまる。文献も、理論の体系化に救いを求めようとしている[40]。

— いわゆる否定性理論は、lex mercatoria に優位も劣位も認めず、それがそもそも法である限りにおいて慣習法と制定法との間の一般的関係によることを求める。

— いわゆる補完性理論は、準拠法の選択で国家法が排除されるか、国家法では解決しようとする法律問題に答えが出せない場合に、予備的に lex mercatoria を適用する。

— いわゆる解釈理論は、国家法で解釈を要する法概念の具体化に lex mercatoria が有効だと考える。

これらのいわゆる理論も、これ以上の助けとはならない。法学界は良い理論と悪い理論とに分けるのが好きであるが、これらの理論はそのようには分けられないのである。というのも、これらの理論をよく検討してみれば、lex mercatoria がどう機能するかについての可能性を述べたものに過ぎないからである。Lex mercatoria が従来的意味の慣習法となり、国家法と競合し得るということは、争いの余地がない。同じく、信義誠実の原則といった未定義の法概念が lex mercatoria の規則により具体化され、中身を伴い得ることも、争いの余地がない。そして、何らかの規定漏れがあった場合にこれを lex mercatoria で直ちに埋めることができるというのも、決して意外なことではない。上述の各理論は、lex mercatoria に何が出来るか、何が出来るとされているかを記述しているに過ぎないのである。問題解決の選択肢を提示しているわけではないのである。

3　法　源　論

a）伝統的な法源論においては、経済の世界で自ら創成した法を独自の法源と認める余地は皆無である。法源論が答えを出す問題は、主として次の二つである。
　── 法源論は第一に、法規範とそうでないもの（例えば倫理規範、単なるしきたり）との区別を行う。
　── 第二に、規範を階層順に配列する。
　Lex mercatoria はいずれの点においても変わり種なのである。Lex mercatoria は、法規範という立場を自負し、lex mercatoria の批判者はそれを否定している。そして lex mercatoria はかなりの人の見解によればかなりの事例において国家法に浸透しており、場合によっては国家法に優先すらしているのである。これら二点はいずれも、従来の法源論からすれば否定されるところである。慣習法を承認するにあたって有効な前提条件のもとでのみ、lex mercatoria は法の立場へと強化され得ると考えられるからである。なお、商習慣は国家法により法的意味合いを有すると認められている（ド

イツ商法典第346条)。

　b) 国家の立法者は既に19世紀に、商習慣を裁判所も考慮するように規定することで、lex mercatoria に対処しようと試みたのだった。ドイツでは、1897年の商法典（第346条）も、その前身である1861年制定の法典（一般ドイツ商法第279条）も、商習慣に配慮すべしと規定しているのである。そして UNCITRAL 国際商事仲裁モデル法の第28条第4項も、類似の規定を設けている。即ち、「いかなる場合にも、仲裁廷は契約の条項に従って決定しなければならず、取引に適用される業界の慣行を考慮に入れなければならない。」

　これも本論のテーマの特徴の一つなのであるが、こうした規範自体、lex mercatoria の構成部分として通用し得るものでありながら、同時に lex mercatoria が法の性格を有するものであることを疑わせるものとなっているのである。商習慣を参照させているのが法であることが、法こそが権威であるということの一番の証拠ではないか、法だけが権威であり、それが lex mercatoria にも及ぶ権威ではないのか。

　c) 国家法の擁護者は、lex mercatoria を直ちに国家法に取り込み、国家法より下位に置きたいと考える。von Bar はこう書いている。「国家法が、常に最後の拠り所である。国家法が認めないものは、まさに民主国家においても、効力を持ち得ない。」[41]　特に国際的経済団体が自ら制定した規則は、v. Bar に言わせれば契約取決めや社団定款、或いは統一運用されている一般取引条件などと質的に変わらないものなのである[42]。それらが拘束力を有する唯一の根拠が国家法により認可された私的自治なのであり、つまりは国家から自律しているわけではないのである[43]。それ自体、一貫した話である。しかしまた、lex mercatoria がこの見方の前提にまさに疑問を投げかけるものとなっていることにも注意を払わなければならない。

Ⅳ 国家法と自治法——国家には立法の独占権があるのか？

1 文化史的現象としての lex mercatoria

ａ）Lex mercatoria を巡る議論は、法文化史に触れずに理解することはできない。現代の lex mercatoria の手本と考えられるのが、中世の統一的な世界貿易法である[44]。国民国家というものが台頭してからは、その法制度は宗教を束ねるが国ごとには異なる制度となるわけであるが、それ以前は lex mercatoria として認められた法規が地域間貿易で有効性を持つことは争いの余地のないことなのであった。一部、商習慣より発生した ius mercatorum（商人法）は、裁判実務で普通に運用されていた[45]。この嘗ての lex mercatoria を今日のそれと比較してみるということは、国家法では字義通り国境という限界に阻まれる事情である以上、余りに当然のことである。但し、認識しておかねばならないことは、中世の「世界貿易法」の規範性は今日の基準に全くそぐわないものであった、ということであって、何故なら

— この「世界貿易法」の効力が及ぶ空間的範囲は、ネットワーク化された今日の世界経済秩序に比べて限定されたものであったし、しかし同時に整理されていないものであった。
— 地域ごとの法、特に中世の諸都市法については、これを成文化しようという野心はおよそなかった。

そうした環境にあっては、中世の lex mercatoria の効力は今とは異なるもので、ほとんど問題のないものであったに違いない。それでも、文化史的に当時に関連を求めてみるのは興味深いことに変わりはない。

ｂ）その後様々な事象があり、それが相互に作用し合うことによって、lex mercatoria を衰退に追いやっていった。その事象とは

— 国民国家の成立
— それに伴う重商主義

―　次第に成立していき、最終的に構想された成文化
―　国際私法の抵触法への完璧化
―　法の学問化、
―　及びそれに関連して、法学の厳格な立法方法論の成立

これら全ての成果が、今我々がいくら評価しても余りある程の文化所産となっているのである。即ち、

―　国民国家が、国家権力により統御された、今日では民主的に正当化された法秩序を生んだ。
―　重商主義は、次第に開きつつある法システムと経済システムの一体化へと導いていった。
―　成文法は完結性、体系化、法の安定性をもたらした。
―　法の学問化及び法学方法論は、法治国家に根ざした、階層的な、法の安定性に資する規範システムをもたらした。

特にドイツで民法教義学と理解されるものは全て、ここにその起源、そして長所、しかしまた限界、欠陥も有しているのである。

2　議論の再来

a）Lex mercatoria を巡る現在の議論は 1960 年代、70 年代に主としてフランス、英国、ドイツで始まった。「純然たる実務を起源とする」法が存在すると言われ（*Goldman*）、「国家以外を起源とする法が存在する。」（*Philippe Kahn*）[46]とされた。*Clive M. Schmitthoff* は、仲裁機関により運用され、創成された「世界貿易の新しい法」[47]と言い、1973 年に刊行された Schmitthoff 記念論文集[48]にはこのような一節があった。「商法はもはや議会のみにより制定されるのではない。ビジネスに参加する者も法を創成するのである。よって、これまでの立法機関や立法の方法にはなかった見解が出会うこととなる」（*Goldstajn*）。このルネッサンスがもたらした成果は、これまで見てきた通りである。救いようのない両極端の論争となっていることは確認済みである。

b）この膠着状態においてせめて方向性を見いだす為にも、両陣営間の理解をより困難とするような誤りだけは回避するのが望ましい。
 ― ナイーブな経験主義に陥ってはならない。規則が存在するからといって、それが直ちに法であるということを意味しない。
 ― 凝り固まった原則論にも陥ることがあってはならない。我々の法理の目が国家法に行きがちであるからと言って、国家法以外に法はあり得ない、と思い込んでしまってはならない。我々の法理解は歴史により定められたものなので、今後変遷する可能性もあるからである。

V　方向性を見いだす試み

1　権威的な法の根元と無政府主義的な法の根元

　a）全ての法、少なくとも私法は、二つの源泉を有する。規範を設ける権限を与えられた立法者の法政策的意志と、法共同体が法の通用を求める意志の二つである。つまり、法の創成では権威的勢力と、無政府主義的勢力という自然発生的勢力とに分かれるのである。国家の立法といえども、国家の法政策的意思を実現しただけのものとは言い切れず、自然発生的な法を集成し、それに権威を与えてできたものも常に相当の割合で混ざっているのである[49]。欧州の成文法は、このように全く異なる法の起源、即ち現行法の中でも片や国家権力、片や法に従う側の意志に基づく部分を、父権的国家権力のもとに体系的にまとめようと試みてきた。古典的意味では法規範ではない商習慣を考慮に入れることすら法で定められ（一般ドイツ商法第279条、商法典第346条）、これは裁判所が判断にあたっては法に忠実であることの表れと理解される。かくして、法の中でも自然発生的であった部分は国家の成文法の衣に覆われることとなったが、この法源が完全に蓋をされてしまうことは決してなかった。それ故、
 ― 判例法
 ― 裁判所や契約起草者による法の創造

― 慣習法
― 非国家組織が設けた基準の尊重

といったことは、法の権威や法への忠実が崩れたしるしなのではなく、法と並び私法の枯れ尽きることなき二番目の源泉からの発露なのである。

b）こうしてみると、lex mercatoria も単なる事実とか、法以外又は法より下位の規則とかではなく、国家法の衣で覆われてはいるが決して除外されてしまったわけではない自然発生的部分をより豊かなものにするものなのである。Lex mercatoria の多様性とは、

― 一つは、単なる（法より下位の）商習慣として、
― 一つは、単なる解釈上の参考として、
― そしてしかし、自治法たる（慣習）法としての姿なのである。

国家に依存しない法源の存在を否定することは、法の現実をねじ曲げることと言えよう。

2　規範性の問題

Lex mercatoria の真の問題点とは、その効能が限定されていることであり、それは lex mercatoria の規範性が低いからである。

a）まず、lex mercatoria と称されている規則が法の性格を有するかどうかは、任意なのであって、常に必須ということではないのである。どこまでが単なる契約ルールで、しきたりで、商習慣であり、どこからが法規なのかの線引きは常に判断の難しいところである。このことはまた、商人は lex mercatoria の拘束性を頼りとしてよいが、法学者は lex mercatoria を法と同列視することはできないことを意味する。

b）ここで既に問題にした lex mercatoria の規範性、より正確には規範性の欠如が浮上してくるのである。既に見たように、lex mercatoria には完結性、一貫性（矛盾無きこと）に欠けている。Lex mercatoria の背後には、法に従う人達に対して法秩序の統一性、即ち少なくとも理論上の完全性（遺漏無きこと）と一貫性を保証する国家が存在していないのである。"Lex"

は「法規範」を意味するが、「法秩序」を意味することもある。しかし、法規範のパッチワークでは、法秩序とはならない。しかしいかなる法主体、法関係、そしていかなる係争も、それだけを切り離して考察してはならないのであって、法秩序の中に置いてみなければならないのである。それ故、lex mercatoria がそうした法秩序を提供できるのか、という点が問われることになる。

3　Lex mercatoria の限界

つまり、lex mercatoria の核心の問題は、規範の階層の中での上下ではなく、そもそも規範性の問題ということになる。

　a）契約において lex mercatoria への参照を求めているのであれば、それは裁判所の裁定以上に衡平と善に従ってのことなのであって、裁判所の裁定であれば契約を法の及ばない領域に置くことは許されないからである。しかし、契約を法の枠組みの中に置くことができるのは、その契約を

── 一般的な、遺漏無き筈の、共通法としての世界慣習法か、

── 又は、抵触法で決すべき国家法

に従わせる場合に限られる。前者は今のところ時期尚早と思われる。法文化的な対立があることを見ても、間もなく包括的な世界慣習法が存在するようになる、という仮定は支持できない。それ故筆者は最終的に、契約で lex mercatoria を選択肢に設けていても、それを選んだからといっていかなる国家法も除外するということにはならない、とする保守的な見解に理解を示す者である。Lex mercatoria がさしあたり出来ることは、国家法を部分的に補い、国家法に規定漏れがあった場合にそれを埋めることに過ぎないのである。

　b）従って、国家法を超国家的経済法に置き換えることの前提として、経過期間として lex mercatoria により国家法を事前に同化しておくことが必要となる。この期間を経過して初めて、lex mercatoria の真の自治性について検討できるようになるのである。さしあたり、lex mercatoria は次の二

第 4 部　経済法部会

通りでしかあり得ない。即ち、国家法を慣習法及び契約法により一部補足したもの、そして将来世界法などというものが出来るのであれば、その有望な一要素という部分である。この所見は、我々と同じ国際的舞台に立つ多くの人々を失望させるものかも知れない。筆者の見るところ、原則論にこだわりたい理論家よりも、よりによって実務家の方が lex mercatoria とうまく付き合って行けるように思われる。何故なら、lex mercatoria の実益は世界法についてどのような信条を持っていようとそれに左右されないものだからである。

1　*Rabel*, Das Recht des Warenkaufs, Band I, 1936 (1964), S.36.
2　Le droit corporatif international de la vente des soies, 3 Bäande, 1928, 3447.
3　*Großmann-Doerth*, Der Jurist und das autonome Recht des Welthandels, JW 1929.
4　*Großmann-Doerth*, Selbstgeschaffenes Recht der Wirtschaft und staatliches Recht, 1939.
5　*Berger*, Formalisierte oder „schleichende" Kodifizierung des transnationalen Rechts, 1996; 同, European Private Law, Lex Mercatoria and Globalisation, in: Hartkamp/Hesslink/Hondius (eds.), Towards a European Civil Code, 3. Aufl. 2004, S.43ff. 参照。
6　Stein, Lex mercatoria, 1995.
7　*De Ly*, Emerging New Perspectives Regarding Lex Mercatoria in an Era of Increasing Globalizations, in: Berger/Ebke/Elsing/Großfeld/Käuhne (Hrsg.), Festschrift Sandrock, 2000, S.179ff.; *Berger/Dubberstein/Lehmann/Petzold*, Anwendung Transnationalen Rechts in der internationalen Vertrags- und Schiedspraxis, ZVglRWiss 101 (2002), 12; *Gopalan*, New Trends in the Making of International Commercial Law, in: University of Pittsburgh, The Journal of Law and Commerce, 2004, 117ff.
8　*Schmitthoff*, International Business Law: A New Land Merchant, CLSP 2 (1961), 129 ff., 同, Das neue Recht des Welthandels, RabelsZ 28 (1964), 47 ff.
9　*F.A. Mann*, Schiedsrichter und Recht, in: Jakobs/Knobbe-Keuk u.a. (Hrsg.), FS Flume I, 1978, S. 593, 595 ff.; 同, Internationale Schiedsgerichte und nationale Rechtsordnung, ZHR 130 (1968), 97, 101.
10　*Herber*, „Lex mercatoria" und „Principles"—gefäahrliche Irrlichter im internationalen Kaufrecht, IHR 2003, 1, 5.
11　論文のタイトルは „Lex mercatoria" und „Principles"—gefäahrliche Irrlichter im internationalen Kaufrecht である。
12　*Herber*, IHR 2003, 1, 6.
13　*v. Bar*, in: *v. Bar/Mankowski*, Internationales Privatrecht, Band I, 2. Aufl. 2003, §2 Rdnr. 77.

14 *v. Bar*, §2 Rdnr. 77, §2 Rdnr. 86.
15 同上。
16 *v. Bar*, §2 Rdnr. 84.
17 *v. Bar*, §2 Rdnr. 87.
18 *De Ly*, Emerging New Perspectives Regarding Lex Mercatoria in an Era of Globalization, in: FS Sandrock, 2000, S. 179.
19 *von Breitenstein*, Rechtsordnung und „Lex Mercatoria"—Zur vergeblichen Suche nach einem „Anationalen" Recht für die internationale Arbitrage, in: FS Sandrock, 2000, S.111 ff.
20 好例が例えば *Stein*, S.239 f.
21 *Berger*, Kodifizierung, S.129 ff. を参照するだけでも明らかである。
22 これについては *Stein*, S.39.
23 *Jarvin/Derains* (Hrsg.), Collection of ICC Arbitral Awards=Recueil des sentences arbitrales de la CCI 1974–1985, 1990; *Jarvin/Derains/Arnaldez* (Hrsg.), Collection of ICC Arbitral Awards=Recueil des sentences arbitrales de la CCI 1986–1990, 1994; Arnaldez/Derains/Hascher (Hrsg.), Collection of ICC Arbitral Awards=Recueil des sentences arbitrales de la CCI 1991–1995, 1997; 1996–2000, 2003; これについては *Stein*, S.169 ff.
24 概要は *Berger/Dubberstein/Lehmann/Petzold*, ZVerglRWiss 101 (2002), 12, 14 ff.
25 *Berger*, Kodifizierung, S.9 ff. を参照するだけでも明らかである。
26 *Berger/Dubberstein/Lehmann/Petzold*, ZVerglRWiss 101 (2002), 12, 13.
27 数多い文献がある中で、*Stein*, S.252 ff. を参照のこと。
28 この議論については *Delbrück*, Prospects for a "World (International) Law". Legal Development in a Changing International System, Indiana Journal of Global Legal Studies 2002, 401, 421, 430 を参照。
29 *v. Bar*, §2 Rdnr. 75 の批判は、この理由による。
30 同上。
31 *Karsten Schmidt*, Die Zukunft der Kodifikationsidee, 1985.
32 *Berger*, Lex Mercatoria Online, RiW 2002, 256, 258 ff. 及び随所参照。
33 *Fortier*, Arbitration International 2001, 121, 127, *Berger*, 前掲論文(注27)の引用より。
34 これに関しては *Berger*, RiW 2002, 256 ff. 参照。
35 *Berger*, RiW 2002, 256, 261 f.
36 筆者に言及して *Berger*, Kodifikation, S. 200 ではリストを「成文化の争点」と称している。同、RiW 2002, 256, 259 (「成文化の集積点」) ; しかし、筆者の一つの著作だけを取り上げており、その背後の考え方は取り上げていない。この考え方には、リストはそぐわない。
37 これに関しては *Berger*, RiW 2002, 256, 259 参照。
38 前掲 (注23) を参照。
39 Vol. II, p.387 に「Lex mercatoria は利率に関する規則のような詳細を定める規則を

含んでいない。」とある。
40 詳細まで完全に一致するわけではないが、*Ehricke*, Zur Einfäuhrung – Grundstrukturen und Probleme der lex mercatoria, JuS 1990, 967 の分類参照。
41 *v. Bar*, §2 Rdnr. 75.
42 同上。
43 同上。
44 これについては例えば *Berger*, Einheitliche Rechtsstrukturen durch außergesetzliche Rechtsvereinheitlichung, JZ 1999, 369, 370 f.; Stein, S.4.
45 詳しくは Blaurock, ÄUbernationales Recht des Internationalen Handels, ZEuP 1993, 247, 249 ff.
46 *v. Bar*, §2 Rdnr. 73 f. に例証。
47 *Schmitthoff*, Das neue Recht des Welthandels, RabelsZ 28 (1964), 47 ff.
48 *Goldstajn*, The New Law Merchant Reconsidered, in: Fabricius, F. (Hrsg.), FS Schmitthoff, 1973, S. 171, 176 f.
49 こうした干渉現象については *Fassberg*, The Empirical and Theoretical Underspinnings of the Law Merchant-Hoist with its own Petard? Chicago Journal of International Law 2004, 67 ff. も参照のこと。

ソフトローとしての lex mercatoria

神作裕之

I はじめに

　本小稿では、lex mercatoria の「規範性」および「非国家性」に関する日本における従来の議論を踏まえ、lex mercatoria は、規範としてどのような性質を有しているか、国家の法といかなる関係に立つのかに焦点を絞り、今後の議論の方向性を展望する。Lex mercatoria の定義は、論者により様々である。以下では、さしあたり、lex mercatoria を、「国際商取引に係る非国家の私法であり、伝統的な法源には基づかない特別の法規則（rechtliche Regeln）」と定義することとする[1]。

　日本における lex mercatoria 研究は、主として欧米諸国の議論に依拠しながら行われてきた[2]。日本の通説によれば、国際取引の準拠法は国際私法のルールにより決定され、その結果、たとえば日本法が適用されるとすると、lex mercatoria の規範内容は、当事者の意思解釈を通じて、あるいは国際商慣習（法）の解釈・認定を通じて[3]、適用されるにすぎない[4]。すなわち、日本では、lex mercatoria は、国際取引に直接適用される法源とは解されてこなかったのである。たとえば、lex mercatoria における商人の範囲は明確でなく、そのような法規範が認められるとしても、その根拠は、結局のところ当事者の合意の中に見出すほかない、といわれる[5]。

　しかしながら、lex mercatoria は、直接的な法的拘束力は持たないにせよ、意思解釈や商慣習（法）を通じて法規範として取り込まれることもあるし、

少なくとも、当事者の行動に重大な影響を与えている社会規範であることは否定し得ない。その意味において、lex mercatoria をソフトローとして位置付けることが可能であろう[6]。ソフトローという概念もまた多義的であるが、「正統な立法権限に基づき創設された規範ではなく、原則として法的拘束力を持たないが、当事者の行動・実践に大きな影響を与えている規範」と定義しておく[7]。以下では、lex mercatoria をソフトローと位置づけたうえで、幅広くその規範としての機能や構造を分析し、lex mercatoria と国家の法との関係等について検討を行うための視角を設定する[8]。

II　Lex mercatoria の法源性

　Lex mercatoria は、どのような性質を有する規範であるのか、とりわけそれに法源性が認められるかどうかは、lex mercatoria 論の中心的なテーマであった[9]。Lex mercatoria の法源性を認める見解は、（ⅰ）近代国家の成立以前から存在していたという沿革、（ⅱ）仲裁判断が公表され分析も厚みを増し、仲裁人は過去のケースに関する規範を一般的な法原則の適用により発展させていること、（ⅲ）仲裁判断相互間、仲裁と国際取引の実務の間にフィードバックが作動しており、機能システムとしてとらえることができること、等をその根拠に挙げる。

　これに対し、法源性を否定する説は、（ⅰ）lex mercatoria が規律する対象は国家の関心事であり、そのことは国際的な法律関係においても何ら異なるところはない、（ⅱ）とりわけ国際仲裁においては、様々な制約により、一貫した先例を発展させてゆくことは事実上困難であり、私的な存在にすぎない仲裁人による客観的規範の創成は、その限られた権限・義務からして認められない、（ⅲ）法秩序に必要な実効性確保のための自律（Autonomie）を欠き、また、外部的および内部的なシステム連関にも欠ける、（ⅳ）仲裁判断も国家の裁判所の審査に服し、その執行には裁判所の承認および執行決定手続を要すること等を理由に挙げる。日本では、否定

説に分があるとされ、lex mercatoriaの法源性は一般に認められていないことは、前述したとおりである。少なくとも、「契約は守られるべし」という類の法の一般原則はlex mercatoriaと認められるという議論もある。しかし、その程度の規範は、どこの国の法制でも認められるルールであり、あえてlex mercatoriaと呼ぶ必要もないし、抽象的・一般的すぎて、複雑・専門的な国際取引に関する紛争を解決する規範としても当事者の行為規範としても有用でないとして、一般には支持されていない。

Ⅲ　ソフトローとしてのlex mercatoria；機能と構造

　しかしながら、たとい法源とは認められなくとも、lex mercatoriaの実質が、契約の意思解釈により、または商慣習（法）として、国家の法を通じて適用される場合があることは否定し得ない。実務において、非国家の規範たるlex mercatoriaは、その詳細さと専門性、様々な協調の形態と組織の必要性に対する適合性、ニーズと実務の変化に迅速に対応し得る柔軟性といった点で国家の法を凌駕しているという肯定的な評価が定着していることからすると、lex mercatoriaが、少なくともソフトローとして機能し、当事者の行動に重大な影響を与えていることは確かであろう[10]。
　日本では、ソフトローという観点からlex mercatoriaにアプローチする研究が始まっている[11]。法規範と社会規範の境界が流動的になっていることがその背景にあると考えられるが、法学上の観点からは、国家の法との関係、すなわちソフトローとしてのlex mercatoriaの中で、法規範として取り込まれるlex mercatoriaとそれ以外のlex mercatoriaを、どのような基準を用いて線引きするかに関心が寄せられている[12]。自律的な発展の要素を持つlex mercatoriaを抽出する問題と言い換えることができるかもしれない[13]。合意の解釈に際し、裁判官が商慣習・取引慣行を取り込むべきかどうかに関するIncorporation StrategyとPlain Meaning Ruleをめぐるアメリカ合衆国の議論は、lex mercatoriaの構造と商慣習（法）としての取り込み

の基準を考えるにあたり、参考となる[14]。

　第1に、lex mercatoria の機能について検討する必要がある[15]。Lex mercatoria のメリットとしては、契約書の作成コストなど取引費用の節減のほか、当事者の予想していなかった規範を適用されてしまう危険を減少させる機能があると指摘されている。形式的な法律は改正が容易でないのに対し、lex mercatoria は国際取引における技術的・経済的発展を阻害する可能性が小さいというメリットも強調される[16]。他方、lex mercatoria の適用が当事者にとってつねに有利になるとは限らない。たとえば、lex mercatoria の内容の不明確性から、仲裁人により誤った解釈・適用がなされる危険は、裁判官による法適用の場合と比較してより小さいとは言えないであろう。そもそも、lex mercatoria の規範内容の確定に多額の費用を要する可能性もある。むしろ、契約にできる限り詳細な規定を置き、文言通り厳格に解釈することにより、lex mercatoria の適用を排除することを当事者は望むかもしれない。しかし、厳格解釈のルールの下でも、その適用を明示的に排除しておかない限り、実務における商慣習、lex mercatoria の意義を否定し去ることは困難であるとの指摘もなされている[17]。当事者が明示していない lex mercatoria を契約解釈または国際商慣習（法）として読み込むかどうかについて、日本においても今後検討が深められるであろう。

　第2に、法政策的観点からの検討が必要である[18]。Lex mercatoria の慣習起源性を認める見解によれば、慣習自体が、市場における当事者の交渉の結果生成されたものと認められる場合には、lex mercatoria は、両当事者の利益を内部化する方向へ発展してゆくとされる[19]。Lex mercatoria の起源をルール毎に検討する必要があるが、自立的・自然発生的に発展してきたものの多くは、まさにそのこと故に、競争制限的な効果を伴ったり、一方当事者の利益のためだけに採用されたものであるなど、不合理・非効率なルールである可能性を否定できない[20]。Unidroit の「国際商事契約の原理」も、当事者は、周知性のある、通常遵守されている慣習に拘束されることを定める一方、その適用が不合理である場合には当該慣習を適用しないも

のとしている（同原則1.9条）。

　Lex mercatoria といっても、その適用範囲や規範としての一般性の程度は、様々である。全ての国際取引に適用されるべき lex mercatoria は存在しないか、存在すると言ったところでその意味内容は乏しいことは、「契約は守られるべし」という規範の具体的適用について想起すれば明らかであろう。Lex mercatoria の個々の規範について、だれが、どのようなプロセスを経て、創成・改廃し、解釈・適用し、違反者にサンクションを課すか（エンフォースメント）、といった問題を実証的に検討してゆく必要がある。Lex mercatoria を規範毎、適用範囲毎に観察するならば、規範を創成する組織・社会の自律性の問題として扱われてきた「部分社会」論と重なりが生ずる[21]。Lex mercatoria は、確かに自律的な法ないし規範が存在し得る点では「部分社会」論の系譜に属するとも考えられるが[22]、その場合の「自律性」は、国際取引が問題となっている限り、当該市場の構造と機能との関係において判断されるべきであろう。

　第3に、以上のことから、lex mercatoria を、（ⅰ）規範の内容・普遍性の程度、（ⅱ）適用範囲、（ⅲ）創成・改廃、（ⅳ）解釈・適用および（ⅴ）エンフォースメントの5つのレベルで検討するとともに、（ⅵ）（ⅰ）から（ⅴ）の関係を理論化するという課題が明らかになる。Lex mercatoria の中には自然発生的に創成したものもあるが、異なる文化・宗教間で行われる国際取引においては、自然発生的な慣習の生成は容易ではなく、人為的な関与の下に創成されたものも少なくない。UNCITRAL や Unidorit の策定するモデル法はその典型であるし、ICC（International Chamber of Commerce）の Incoterms も、当初は国際商取引に係る商慣習を収集しリステイトしたものが多かったが、2000年改訂版は、人為的な関与の傾向が強い[23]。Lex mercatoria を機関・組織が策定する場合には[24]、何を根拠にどのような目的の下に規範を創成し改廃しているのかについて、当該規範の妥当している市場を確定し、当該市場のミクロ構造や当事者のインセンティブ構造と結び付けて解明する必要がある。たとえば、当事者の等質性、規律の対

象ないし目的の具体性は、翻ってソフトローたる lex mercatoria の性質に少なからぬ影響を及ぼすと考えられるからである[25]。Lex mercatoria の規範がどのようにエンフォースされるか、たとえば取引界からの追放や評判リスク等が制裁となり得る場合は[26]、その適用範囲は限定されよう。反対に、そのような制裁が実効的でない場合は、国家の法による強制が重要となる局面も存在するはずであると考えられる。

最近の日本の研究には、lex mercatoria の範疇に含まれ得る規範の中に、実務に広く普及しているものとそうでないものとがあり、そのことの理由を分析するものがある。そこでは、たとえば、国際機関がニーズを予測して策定する類の lex mercatoria は普及しないことが多く、他方、業界団体の強いニーズに基づくものは支持される、まとまりが強い団体・組織が策定した規範ほど普及する可能性が高い、規範の内容について競争がなされているときは内容の良い方が支持される、といった仮説が唱えられている[27]。

Ⅳ　結びに代えて

グローバルな経済社会における近時の注目すべき動向のうち、lex mercatoria の議論と関連付けて検討すべきと考えられる2つの事項を指摘し、結びに代える。

第1に、国際証券取引の分野の動向が注目される。金融技術および情報技術の進歩に伴い、国際資本市場のグローバル化も急速に発展している。国際証券取引の分野においても、国家の法の不十分さや準拠法の不明確性により様々な問題が生じている点は、伝統的な lex mercatoria の分野である国際物品売買法・海事法・保険法の場合と同様である。国際証券取引における、証券上の権利の譲渡や担保化のための成立要件・対抗要件、あるいは仲介業者の倒産からの投資家保護、資金決済の問題については、第三者効が生ずるため、商人間の自律的な規範を第三者に適用することは直ち

にはできない。安全かつ効率的な証券決済システムをめざし、2002年に「口座管理機関によって保有される証券についての権利の準拠法に関する条約」が制定され、まず準拠法ルールを明確化する試みがなされた。現在、Unidroitにより、実質法レベルでの統一ないし調和のための作業が進行中である[28]。その過程で注目されるのは、各国の証券保有・決済システムおよびその法制は大きく異なっているけれども、各国のシステム・法制それ自体を統合するのではなく、各国の証券決済システムを相互に接続し機能し得るものにする、という観点から検討が進められていることである[29]。このような機能的アプローチは、国家の法に基づくシステムが分立し細分化していることを前提に、そのうえで各国の証券決済制度をトランスナショナルに接合し証券決済のネットワークを形成しようとするもので、新たなアプローチとして注目される。

第2は、「企業の社会的責任」論の展開である。Lex mercatoriaの当事者は今日では企業である。企業の国際的活動は、主として法人によって組織的に担われる。とりわけ、企業活動は、企業グループの中で内部化される傾向がある[30]。企業活動の国際化に伴い、とくに多国籍企業を対象とする「企業の社会的責任」論およびその実践の動向が注目される。自然人についてすら大きく揺らいでいる倫理性を法人に期待することには無理があろう。企業の活動が人々の生活や権利に大きな影響を及ぼすようになっている現在、企業行動にコントロールを及ぼす手段の1つとして、「企業の社会的責任」論を位置付けることができる。実際にも、「企業の社会的責任」論は、行動規範（code of conducts）の策定および実施等を通じ、企業行動に影響を与えており[31]、lex mercatoriaの領域もその例外であり続ける保障はない[32]。「企業の社会的責任」論もソフトローの一種だとすると、ソフトローとソフトローとの間にも、緊張関係が発生しているのである。

1　Karl-Heinz Böckstiegel, Die Bestimmung des anwendbaren Rechts in der Praxis internationaler Schiedsgerichtsverfahren, in FS Günter Beitzke, 1979, S.443, 456f.

2　代表的な研究として、山手正史「lex mercatoria についての一考察 (一) (二・完)」大阪市立大学法学雑誌 33 巻 3 号 (1987 年) 51-82 頁、33 巻 4 号 (1987 年) 83～112 頁、多喜寛『国際仲裁と国際取引法』(中央大学出版部、1999 年) とくに 49～377 頁が挙げられる。

3　日本においては、慣習は、法令の定めがないか法令の規定に基づく場合に適用され (法例 2 条)、商事に関する法律行為の解釈に際しては、商法、商慣習、民法の順に適用される (商法 1 条)。しかし、最高裁判所は、商法第 1 条にもかかわらず、商法の強行法規に反する商慣習法の存在さえ認めている (大判明治 35 年 6 月 17 日・民録 8 輯 6 巻 94 頁)。

4　たとえば、東京地判昭和 62 年 5 月 29 日金融法務事情 1186 号 84 頁参照。ただし、判例は、合理性および公正性の観点から審査したうえで、商慣習を認めている。前掲昭和62年の東京地判は、次のように述べる。「(日本においては、) 信用状が統一規則に準拠することは商慣習となっているものと認められ、また、信用状に基づく為替手形の決済は、発行銀行等の支店が全世界に存在しない限り、他行のサービスを利用せざるを得ないものであり、そうであるとすれば、銀行等が信用状取引に消極的にならないようにし、信用状取引の円滑化を図るため、他行のサービスを利用することによる危険を発行銀行等ではなく信用状開設依頼者に負わせることは合理的であり、統一規則第一二条(ａ)項の内容は公正かつ合理的なものというべきである。…本件契約に基づく法律関係は統一規則によって律せられるものというべきである。」

5　高桑昭「国際商取引と紛争解決方法、適用法、法律家」『国際取引における私法の統一と国際私法』(有斐閣、2005 年) 98～100 頁。

6　Gunther Teubner, 'Global Bukowina': Legal Pluralism in the World Society, in Gunther Teubner (ed.) GLOBAL LAW WITHOUT A STATE, Dartmouth, 1997, p. 21.

7　Francis Snyder, The Effectiveness of European Community Law: Institutions, Processes, Tools and Techniques, The Modern Law Review, 56 January, 1993, p. 32

8　Hans-Joachim Mertens, Lex Mercatoria: A Self-applying System Beyond National Law? in Gunther Teubner (ed.), GLOBAL LAW WITHOUT A STATE, 1996, pp. 50-52.

9　たとえば、Ursula Stein, Lex Mercatoria, 1995, SS.148-176, 203-251; Teubner, aaO (Fn.6), SS.8-21; Mertens, aaO (Fn.8), SS.31-39 等参照。

10　日本におけるソフトローに関する萌芽的研究として、藤田友敬・松村敏弘「社会規範の法と経済──その理論的展望」ソフトロー研究 1 号 (2005 年) 59～104 頁参照。

11　柏木昇「国際商取引におけるソフトロー：国際慣習・レックスメルカトーリア・私的団体による規則その他」平成 17 年 7 月 2 日・東京大学 COE プログラム第 5 回シンポジウム「ソフトローと国際社会」における報告および報告資料参照。

12　藤田＝村松・前掲 (注10) 89～98 頁参照。

13　商慣習 (Handelsbräuche) と認められるための要件に関するドイツ商法における

議論が参考となる。ドイツでは、商慣習のメルクマールとして、その必要性が当該行為の任意性に委ねられるものであることが挙げられている。たとえば、その行為が官公庁や法律の指示、あるいは当事者の合意（とりわけカルテル契約）に基づくものであってはならない。すなわち、商慣習は、権力から自由な純全たる市場における行為でなければならないのであり、社会の因習や道徳と同様に、自発的に創成された当該社会における秩序に係るものであって、決して操作された秩序であってはならないとされる。とりわけ、市場を支配する企業や企業の協働により形成され操作された市場における行動は、この要件を満たさないのである。以上につき、Ratz in Großkomm.HGB, 3. Aufl., Walter de Gruyter, 1978, Anm.30 参照。Lex mercatoria については、グローバルな経済取引および組織の緊急の必要性に基づき創成・改廃されてきたことに鑑みるならば、その制度的な自律性は脆弱であると言えよう。Teubner, aaO (Fn.6), p.19.

14 文献は極めて多いが、代表的文献として、Alan Schwartz, Relational Contracts in the Courts: An Analysis of Incomplete Agreements and Judicial Strategies, Journal of Legal Studies 21 (1992), pp.271-318; Lisa Bernstein, Merchant Law in a Merchant Court: Rethinking the Code's Search for Immanent Business Norms, 144 (1996) Penn.L.Rev. pp.1765-1821; Jody Kraus/Steven D.Walt, In Defence of the Incorporation Strategy, in Jody Kraus/Steven D.Walt (eds), THE JURISPRUDENTIAL FOUNDATIONS OF CORPORATE AND COMMERCIAL LAW, Cambridge University Press, 2000, pp.193-237 参照。

15 本文の記述は、主として以下の文献による。Clayton P.Gillette, Harmony and Stasis in Trade Usages for International Sales, 39 (1999) Va.J.Int'l L.707, pp.716-740.

16 さらに、国際売買契約等における hardship 条項や force majeur 条項において契約条件の再交渉義務が定められ、不調のときは仲裁人に付託する旨の条項が置かれる例がある。仲裁人が、lex mercatoria を適用し契約を改訂するとしたら、伝統的な法の中心的機能である紛争解決機能を超えた役割を果たし得る。

17 Clayton P.Gillette, The Empirical and Theoretical Underpinnings of the Law Merchant, 5 (2004) Chi.J.Int'l L. 157, p.167.

18 Stein, aaO (Fn.9), SS.239-251.

19 Gillette, aaO (Fn.17), p.158.

20 Friedrich K.Juenger, Lex mercatoria und Eingriffsnormen, in FS Fritz Rittner, 1991, S.233, 239f.

21 ドイツ私法における「自律性」の観念については、村上淳一『ドイツ市民法史』（東京大学出版会、1985 年）24〜203 頁参照。

22 世界法の統一を説いた日本を代表する商法学者の 1 人である田中耕太郎博士は、最高裁判所の裁判官として、日本で始めて「部分社会」論を少数意見として展開し（最決昭和 28 年 1 月 16 日・民集 7 巻 1 号 12 頁）、その後「部分社会」論は、法廷意見となるに至った（最判昭和 35 年 10 月 19 日・民集 14 巻 12 号 2633 頁）。もっとも、田中博士は、lex mercatoria を含む商法を自然法に引き付けて理解されている。

田中耕太郎「商法と自然法」『商法学　一般理論』（新青出版、1998年。初出は1960年）394-399頁。
23　柏木・前掲（注11）報告資料参照。しかしながら、当事者の一方が一方的に決定するのではなく、開かれた市場において取引された場合と同様のリスク分配等がなされる可能性が高いインコタームズは、意義内容が明確であるのみならず、売買の両当事者の代表が議論して制定されたものであり、改訂も頻繁で規範を固定化しておらず、また、非専門家にもアクセスしやすく業界を問わず用いられる一般性を有しており、相当の普遍性・一般性をもつ規範であると評価されている。Gillette, aaO (Fn.17), pp.174-176.
24　ICCのような組織のルールが「一般に遵守されている」ものと認められるためには、①市場関係者が十分に当該組織の活動に関与している、②当該組織が当該取引を代表するに足る資格を有する、および③当該組織のルールがメンバーにより受け入れられるための十分な権威を当該組織が有していることを要するとされる。Filip De Ly, Uniform Commercial Law and International Self-Regulation, in Franco Ferrari (ed.), THE UNIFICATION OF INTERNATIONAL COMMERCIAL LAW, 1998, p. 60.
25　Filip De Ly, aaO (Fn.24), p. 67.
26　ソフトローたるlex mercatoriaの違反に対する制裁としては、本文に述べた取引界からの追放などのほか、仲裁手続の開始時における保証金の追徴、ブラックリストへの掲載、関連企業も含めたボイコット等があり得る（Uwe Blaurock, The Law of Transnational Commerce, in Franco Ferrari (ed.), THE UNIFICATION OF INTERNATIONAL COMMERCIAL LAW, 1998, p. 17）。
27　柏木・前掲（注11）報告資料参照。
28　最新の条約準備草案は、Unidroitのホームページから入手できる。http://www.unidroit.org/english/workprogramme/study078/item1/main.htm
29　Unidroit, Explanatory Notes to the Preliminary Draft Convention on Harmonised Substantive Rules regarding Securities Held with an Intermediary, Rome, December 2004, pp.18-20.
30　Jean-Philippe Robé, Multinational Enterprises: The Constitution of a Pluralistic Legal Order, in Gunther Teubner (ed.), GLOBAL LAW WITHOUT A STATE, 1996, pp 50-52.
31　「法化（Verrechtlichung）」の本質が自己規制に対する法的操作であるとすれば（Gunther Teubner, Verrechtlichung-Begriffe, Merkmale, Grenzen, Auswege, in Zacher/Simitis/Kübler/Hopt/Teubner, Verrechtlichung von Wirtschaft, Arbeit und sozialer Solidarität, 1984, SS.289-344）、「企業の社会的責任」論も「法化」の範疇に含められるであろう。
32　行動規範（code of conducts）の実例と分析については、中谷和弘「企業間合意の国際法上の意義と限界」世界法学会・世界法年報21号（2002年）48〜53頁参照。「企業の社会的責任」に関しては、非営利団体が大きな役割を果たしている。最近では、イギリスのNGOである、CAFOD（Catholic Agency for Overseas Development）

が、発展途上国における川上のサプライ・チェーンの労働問題を中心に主要なパソコンメーカーに厳格な国際基準の採用等を要請し（http://www.cafod.org.uk/policy_and_analysis/policy_papers/private_sector/clean_up_your_computer_report/）、2004年10月18日には、名指しされたHP、DELL、IBMの3社が、グローバルなサプライ・チェーンの遵守すべき基準である「電子産業行動規範（Electronic Industry Code of Conduct）」を制定し公表した。

第5部　国際法部会

世界住民の法へと変貌する国際法

フィリップ・クーニヒ
三島憲一 訳

I 概念と現実

　我々は孔子の教えから、概念が事実に相応していることが、秩序ある状態の本質的前提である、ということを学んだ。概念と事実の関係が誤っていることが分かれば、それをただすべく行動する必要がある［格物致知］、と孔子は述べている。孔子が事実と概念の関係について述べたことは、法のような当為秩序にもあてはまることである。

　民族自決権と、ひょっとしたらそれ以外にもある集団的権利を別にすれば、国際法（Völkerrecht）というものは、誰もが知っているとおり、この地上の諸民族の法的権利を定めたものではない。国際法の元来唯一の、そして今日でもその構造形成的な法的主体は国家であり、その核において国際法は、国家に編制されている諸国民の法なのである。国民（Volk）とは、国家に編制されている民として、国家の3つの構成要素のひとつである。つまり、そこに住んでいるネーションのことである。この点は、あるひとつの国家が、多くのネーションやエトニーから成っているとしても、変わるものではない。こうしたさまざまなネーションやエトニーは、国際法によって、国家に編制された国民へとまとめ上げられているのである。

　国家間の法として国際法は、国々の間の関係を取り決めているものである。とはいえ、それは、ラディカルな二元論が元来において想定していた

ように、その出発点において国家内部の法空間から完全に切り離されて生み出されたような、一群の法のことではない。むしろ、この地球上の国々のすべての法秩序がさまざまなかたちで国際法に対して開かれているのである。こうした法秩序が国際法に対してみずからを開く̇こ̇と̇は国際法がそうした法秩序に要求していることであるが、問題は、そうした法秩序がど̇の̇よ̇う̇に̇自らを開くかにある。そして、それは、個々の法秩序に大幅に委ねられている。たしかに部分的には、国内法よりも国際法の方が優先的に妥当する場合もある。部分的には適用においてのみ優先するだけのこともある。また場合によっては、国際法は、国内法の解釈に使われることもある。当該国家の観点から見て自ら進んでそうすることもあれば、逆の場合もある。このように見ると、国際法は、先に述べた国家の中の国民にも関係があるわけだが、実際にはこの諸国民は、国際法の中心にいるとはとても言えない。中心にいるのは依然として国家なのである。

　このことは重要である。なぜならば、国際法を創出するのは国家だからである。創出の仕方にはいろいろある。コンセンサスのさまざま解釈を通じて、あるいは、形式的な法的行為ないし法律行為を通じて、あるいは黙認、または行動を通じて、諸国家は国際法を創出する。この点は、いかに理論的に複雑に枝分かれしていようとも、今日において国際法に関わるすべての人々に共通した出発点である。もちろん、ラテンアメリカのかなりの学者のように、自然法を基盤にして議論したり、または、アラブ世界の相当数の思想家たちのように、国際法を宗教的コンセプトから演繹しうると考える人々は別である。このようなアラブ世界の場合には、宗教的根拠づけの結果として最終的には、体制批判の場や多様性の場はなくなることになる。同じ家に一緒に暮らしていない者は——理論的には——なんの権利も持たないことになる。しかしそれ以外の学者たちはすべて、国際法とその創出を、基本的な行為主体、つまり国家の手に委ねている。国家はそれによって、法の産出者であるとともに、法に服する者にもなり、さらにつけ加えれば、三番目としては、法の遵守をみずから監視しなければならな

い者ともなる。

　それゆえに国際法は、本質において諸国家の利害の刻印を受けている。ということは、国際法は特定の国家グループの利害に、別の国家グループの利害よりあきらかに適ったものとなっているということである。歴史において、つまり、何十年という期間にわたって植民地主義の強かった世界においては長期的な帰結をともなうかたちでそうであったし、またさらにはポストコロニアルの現代にあってもそうである。簡単に言えば、国際法は長いことヨーロッパ中心であった。日本では何十年にわたってこの事態と対決し、論争してきた。そしてこの事態を批判し、さらには自己批判を経て、このヨーロッパ中心主義からの自己解放の努力がなされてきた。

　しかし、本論で扱うのは、これとは今少し別のことである。つまり、国家同士の対立関係のことではなくて、統治者［政府］と統治される人々との対立を扱いたい。国家同士の相互関係から国際法が生まれるには違いないが、その際に国家は自己の利害を念頭においているということが正しいとするならば、その時の利害とは、必ずしもそのまま国民［ネーション］の利害とはかぎらないのである。つまり、それぞれの国民の利害を考えてのこととはかぎらないわけである。それどころか、外交関係を通じて国家が行為能力を持つ唯一の手段である政府が、まさにその政府によって統治されている人々の総体の利害ではなく政府の利害を追求していることも、決して希ではない。それは統治している個々の人物たちの利害である場合もあるが、それよりも、あるひとつの党、ある階級、もしくは階層、ひとつもしくは複数の大家族の利害であることがずっと多い。いずれにせよ、支配している者たちの個別的利害であり、こうした個別的利害は、世界のさまざまな体制において、そこに暮らしている民衆の利害と大幅に異なる。このことは、決して独裁体制においてだけのことではない。

　私がここで掲げる第一のテーゼは、このようにしてできあがってきた国際法は、現代のさまざまな要求に適うものではなくなっているということである。同時に、それでは過去においてはそのつどの要求に対して本当に

この国際法が適切であったかどうかということも、疑問に附しておきたいと思う。むしろ今日において、そして未来に向けて国際法は、現在この地球上に生活しているすべての人々、そして将来において生活するであろうすべての人々の利害に適ったものとならなければならない。国家間の法としての国際法は、世界の人々すべての利害にとって有効な法とならなければならないのだ。あるいはもう少し慎重かつ穏健な表現で言うならば、国際法はこの方向へと道を辿るようにならねばならない。いずれにせよ我々は、このような方向に進むのを妨げる問題がどこにあるかを確認して、対案を考えねばならない。

II　現代の国際法秩序の内容的欠陥

　ここですぐに第二のテーゼを掲げておこう。それは、すべての人間の利害、つまりこの世界の住民の利害というのは、さまざまな国家同士の利害よりもおたがいに近いという事態である。このことは、統治する政府と統治される人々の利害は必ずしも一致しないのに較べて、しばしば個々のいくつかの国家の利害は、より明快に一致しているという観察にも認められる。いくつかの国家の利害が一致するのは、権力の維持や搾取への関心である場合もあるだろう。今日のアフリカ連合（AU）の前身であるアフリカ統一機構は、よく首脳たちの一種の労働組合と呼ばれていた。似たような連想はアラブ世界についても浮かんでくる。それに対して一人一人の人間の利害は、世界のどこでもほとんど同一である。それは、自分の生活の安定、健康と生命、十分な食料と水の供給、ふさわしい住居への関心であり、家族を持ちたい気持ちであり、仕事と職業上の上昇への関心、ようするに基本的な利害である。そうした利害のために人々は、いくつかの実際の基礎的な前提および組織上の基本構造を必要としている。なかでも法体系と、その実行のための諸々の制度を必要としている。こうしたいっさいはセキュリティという概念でまとめることができるかもしれない。だから

こそこの概念が今回のワークショップの中心テーマともなっているのである。とはいえ、このセキュリティの概念は当然ながら、個々人の基礎的な利害の枠を越えた概念でもあり、国境を越える個人および法人の必要とするようなセキュリティも含んでいる。今日の経済状況、コミュニケーション・システム、またミグレーションのさまざまな可能性、まさにそうしたグローバル化状況は、これまで知られなかった種類のセキュリティ問題を引き起こしている。この点は、危機に瀕している生態系や、環境問題がもつグローバルな射程についても言えよう。こうした問題を見ると、またしても個人の基本的な関心へと立ち戻ることになる。つまり、機能する環境条件が最低限維持されることは、あるいは取り戻されることは、人間が生活を展開させる上での前提であるということである。普遍的な社会問題は、普遍的なエコロジー問題から切り離すわけにいかない。

　セキュリティへの個人および企業の今述べたような関心は、セキュリティに対する国家の利害に取って代わるものである。こうした国家の利害と個人の利害は一致することもあるが、一致しないことも多い。個人のセキュリティの利害が、自分の属する国家によって危険に曝されることすらあるほどである。特に、抑圧的な国家システムではそうであるが、構造的な不平等を特徴とするような国家においてもそうである。ときには、エスニックな帰属性、社会的出自、あるいは生まれ一般、また宗教、さらには今なおジェンダーとの関連でセキュリティは危険に曝される。例えば、現在12億の人間が一日一ドルでの生活を余儀なくされているが、そのうち70パーセントが女性である。字の読めない人の60パーセントが女性であり、国会議員のなかで女性の比率はたった10パーセントでしかない。また、経済や行政の指導的位置にいる人々のなかで14パーセントしか女性はいないが、戦争、内乱、災害などからの難民の80パーセントが女性である。

　セキュリティに対するこうした危険は、間接的にのみ国家に発するもので、直接的には私人によることが多い。しばしば危険は、実にさまざまな

由来を持ついわゆる非国家的アクターに由来するのである。それは犯罪ネットワークから経済的アクターまでの広がりを持っている。事実としての彼らの力は、実効性の乏しい法秩序を打ち砕くのである。OECD 諸国の世界の外では、古典的な国際法秩序が期待しているようなかたちで自国の領土内で法的安定と暴力からの自由を実効的に保証できる能力のない国家がたくさん存在している。場合によっては今日における世界の国々の3分の2がそうかもしれない。

Ⅲ　欠陥の原因

　現在の政治的、社会的およびエコロジー上の状況は歴史に由来する。一部は人間の活動によって作られ、規定されたものであり、一部は、資源の多寡、気候条件、地理的状況などの所与の自然環境によって条件づけられている。今日のさまざまな問題領域にとって決定的な理由となるのは、植民地主義である。もちろん植民地主義がすべての問題の原因とは言えないこともたしかである。歴史的に成立してきたものを修正して、なかったことにするのは、どのみち不可能であるが、すべての分野におけるセキュリティに関して現実の問題のプレッシャーを和らげること、そして、将来における問題の低減をめざすことはできるはずである。将来における危険は、不適切な経済活動、イデオロギー上の眩惑、またエコロジーの分野における責任感の欠如などによって生じる。また、人間の活動によって生じたのではない自然災害、さらには、人間の活動の結果であるとは明確に因果の系列を明らかにできず、なんとなくそのように思えるものも含めて、自然災害を考えれば、自然によっても危険が生じていることがわかる。まさに日本こそは今年の夏に自然災害の危険を、すでに知られている他の危険と同列のものとして国連の改革議題に加えたのである。

　この関連で、先に述べたイデオロギー上の眩惑ということで私がなにを考えているのかを明確にしておこう。思想や価値は多様であり、また人間

がこの世界でなにをすべきか、あるいはなにをしていいのか、場合によってはせざるを得ないのかを考え解き明かすさまざまな方途がある。こうした多様性は、人類の歴史が生み出した文化の多様性に直接に由来している。そうした文化のかなりは程度の差はあれ跡かたもなく消えてしまっている。多くの文化は残って我々にまで伝わっている。こうした残っている文化を未来のために維持することは、現代の最も重要な課題のひとつである。それがうまく行くためには、個々の文化から生まれたこうした世界観、宗教、イデオロギーがおたがいに尊重しあい、相手の存在権を承認しなければならない。それ以上でもそれ以下でもない。現在では人種差別主義（レイシズム）、ナショナリズム、そして拡張主義的な、つまり、潜在的に帝国主義的なマルクス・レーニン主義はある程度背後に退いている。またキリスト教は、おそらくそのすべての分派において宣教は放棄してはいないものの、心の世界だけに籠もるようになっている。そういう状況になって以降、またそういう状況になっているがゆえに、現在では、他の考え方の存在権を否定し、自分たちだけが正しいという、もはや認めがたい要求を掲げるイデオロギーは、イスラム原理主義だけになっているかと思う。このイスラム原理主義は場合によっては国家を支える思想になり、場合によってはテロ行為を指導し、時にはその両方を行っている。

Ⅳ 国際法の将来への道

　これまでの話で私は、問題のありようを描き、その結果として現代の国際法は、こうした問題の規模に対応するには適切でないと述べた。その主たる原因は、現代の国際法が国家中心にできていることにあるとも論じた。

　こうした国家中心のあり方は、最近数年の変化の中ですでに部分的には相対化されている。それは制度的には例えば、個々の政治的案件を個別的に担当するような国際機関の存在について言えるし、またはもっと包括的で地域的な統合にいたるような国際機関の体制が整備されてきた事態にも

あてはまることである。また、規範形成の形式的もしくは非形式的なプロセスにおいて、特に NGO のような非国家的なアクターに活動の機会が開かれてきていることについても言える。また一般的な次元では、人権擁護の拡大に成功したこと、国家諸機関の免責性の分野における変化、特定の紛争に関しての安全保障理事会の側からの刑事司法の実現、そして普遍的な規模の刑事裁判所への発展についても言える。もっともこの刑事裁判所がどの程度のものになるかはまだ分からないが。こう見てみると、制度上の努力が、実質的＝法的、つまり内容的側面における進歩と内容的に絡みあっていることが分かる。例として挙げたいのは、拷問に関する協定であり、また解釈理論の面では、強行法規（jus cogens）や全員義務（erga omnes）などの、新たなカテゴリーを生み出す努力である。

　しかし、国際法秩序の改善のプラス面として今あげたものも、これまでのところほんの緒についた段階でしかない。まだあまりにも貧弱すぎる。必要なのは、根底的な変化、つまりパラダイム・チェンジである。この点で、小和田恒氏はすでにだいぶ前に、国際法が主権国家にあわせて作られている事態を不十分であると述べ、国内的な公正とグローバルな公正という二項対立的思考の修正を要請しているが、私も小和田氏とこの点で同意見である。

　もっともその際私自身は、国際法はそれだけで、未来の諸問題の解決にとっての決定的な鍵を提供しうるという見解に立っているわけではない。決定的な活動領域は、技術の進歩や人文科学の進歩であり、そして啓蒙である。また一国の次元でも、さらには世界のいくつかの地域ですでに存在している国家連合においても、社会問題とエコロジー問題を今までよりも重視する政治が決定的分野となる。私の目指すのは、こうした問題の解決に向けての国際法の貢献を高めることだけである。それ以上のことではないが、ともかくそれは可能なのである。その前提は、実際の国際政治に対して国際法学がともすると自らを切り離して孤立している状況を克服することである。大沼保昭氏の言葉を使えば、学問において「現実の世界」と

のつながりを見いださねばならないのである。

　そのためはまた国際法の方法論的基礎を確立しなければならない。特に、法と政治の区別、および両者の相互関係についてしっかりした考えが必要である。それを通じて、国際法の法源に関する問題を、さらには、国際的に活動し、発言するアクターであるもろもろの組織が規範の成立と変更に参与する度合いの問題を、はっきりさせる必要がある。さらにはまた、現在通用しているものがなんであるかの確認と、本来妥当するべきものについてのディスクルスとの原則的な区別が必要である。目下の法的状況（Rechtslage）がどのようであるかが明確になってはじめて、その法が改正を必要としているのか、そして、それとまた別に、それではどのような方途で改正が可能かについて、意味ある議論ができるのだ。こうしたいくつかの方法的前提は、単に法を主張するだけで、あるいは、ある学理を言葉で設定するだけで、それまでの現行法の改変や置き換えがたちどころに可能になるはずだとするような主張に支えられた物の見方に対抗するものである。こういう考え方に対しては、法についてのディスクルスだからこそ、結果としてそうした法の核心部分の変革が生じうるのだということを重視すべきであると、言っておきたい。しかも、そうした変革は国家の枠の中での法形成の通常形態とは相当に程度の違うかたちで生じうるのである。こうした理由から、日本やドイツにおけるように、実定法中心の法の基礎づけが必要であるとするような考えに固執している人々も、国際法をめぐるディスクルスに積極的に参画すべきなのである。この関連ではまた、国家の行為（staatliches Handeln）に対してケースごとにただもっぱら倫理的なだけの価値評価をする試みを拒否することも必要となる。こうした方向からは、国際法の自己放棄しか生じない。

　先に現状の診断の際に二つのテーゼを前提にしたが、治療に関しても以下でそうしたい。法というものが、——これは、国際法にかぎらずすべての次元における法について言えることだが——、一方では、行動の幅を、また政治的な構想実現の幅を限定するものであり、他方では、正しいと考

えられたことを実現するための手段を提供し、また組織を構造化し、管轄を分け、なによりも決定に正当性を与え、正当性問題を解決するものであるなら、そのことから法一般に対して、それゆえ国際法に対しても、特定の性質を持った要求が出てくる。どんな法秩序もこうした特定の性質の要求に適うものでなければならないが、そうした要求とは、恒常性、透明性、実現可能性、違法な行為の処罰の信頼性、正当性、一般的に同意のある価値に定位していることなどである。

　ここから私の第三のテーゼが出てくる。つまり、こうした資格要求（Qualifikationsanforderungen）に適ったシステムを作り上げるに際して、ナショナルな次元で得られた豊かな経験を利用することが重要である、というテーゼである。もちろん、国際システムというものは、国家と似ているとはとても言えないが、そうは言っても、近代国家が成立する過程においては、今日国際的次元で生じているさまざまな問題と似ている諸問題が解決されればならなかった。例えば、暴力の独占の確立、正当性調達の手段の形成、公共財の提供などである。こうしたことは国家の内部で誰もが納得するかたちで成功しているとは決して言えないが、それでも、数十年この方ヨーロッパ、アメリカ、そしてアジアのいくつかの部分では、十分に使えるものとなっている。もちろんときどきの逆戻りはあるが。

　このことはまた四つ目のテーゼと関連する。それは、国際的な次元でかつての国内的次元と類似の、あるいは比較可能な内実は、明白にマルティラテラルな刻印を帯びたシステムにおいてのみ達成可能で、覇権的な構造では絶対に不可能だということである。それはまた、二国間関係における武力行使の禁止という今日色々なかたちで問題視されている禁止条項を維持し、守ることをどうしても必要としている。この禁止を疑う者は、国際法の根に斧をふるうことになる。そういう考えでは、国際法に規範的な力を認めず、国際法はただのレトリックに過ぎないとし、それどころか、これはアメリカのことだが、自分たちの憲法は自分たちの豊かさを守るための手段としてのみ国際法を容認する、と主張する人々と同じことになる。

こうした議論は前世紀の初頭に聞かれたものである。そしてその後は、世界中でもはや克服された過去のものとされるようになっている。ところが、新しい世紀の冒頭にまたしても聞かれるようになった。しかも、代表的な学者たちの口からである。

　今述べた二つのテーゼをさらに、次の主張につなげたいと思う。それは、先に挙げた法の特性指標に向けての国際法のさらなる発展は、地域的なネットワーク化を伴いながらの普遍的な組織的枠組みにおいてのみうまく行くはずである、という考えである。こうした普遍的組織は存在している。つまり国連憲章とともに存在している。まさに日本の国際法学ではすでに何十年も前に、この国連憲章こそ国際社会の憲法である、と形容され、讃えられているのである。ドイツでも大いに尊重されている高野雄一の大著である国際法の教科書の中で、国際法が世界法に発展すること、そして国家主権の廃棄がはるかな目標であるという記述を読むことができる。しかし、国連憲章の憲法としての性質は、目下のところ、そして当分のあいだ、世界の多くの国々の国家憲法の持つ特性にはるかに及ばないことは、我々の皆が承知しているところでもある。

　このことはこの夏［2005年夏］の問題、つまり、国連の改革の問題と関係している。もちろんこの問題は現在の状況がどうであれ、この夏のテーマにとどまるものではなく、形式的な成功があるかないかとは無関係に、今後数十年にわたって国際法の中心的テーマとなるであろう。この数年間に構想された国連の新ミレニアム発展目標、ハイレベル・パネルおよび事務総長の改革提案は、この夏に激しい論争の渦に巻き込まれた。特に安全保障理事会の拒否権保有国は、さらには、そうした国々だけでなく他のいくつかの国々も、驚くばかりにエゴイスティックで、権力志向的な議論を持ち出している。しかも、現状維持という自分たちの利害を、公益と結びつけた議論によって理性的な論争へもっていこうという試みすらも、部分的には放棄している。例えば安全保障理事会入りをめざすドイツ、日本、ブラジル、インドのライバルと感じている国々も、同じような態度をとっ

ていた。もちろん、直接の隣国としての歴史的経験からいろいろな意味で理由があることはたしかであるが。こうして国家同士はまさに「国家」同士として議論をしている。自分たちのことだけを考え、また過去を根拠に議論をしている。つまり、私が冒頭で描き、また批判したパターンにしたがっているのである。それに対して、国連の改革をこれまでよりもずっと強く、世界の住民たちの利害に即して行うことが必要である。集団安全保障（コレクティヴ・セキュリティ）と並んで、ヒューマン・セキュリティ、つまり人間の安全保障が同じ権利で出てこなければならない。これには制度上の、つまり組織法上の変更が必要なだけではなく、実質的な、つまり内容的なクオリティが必要となる。「より大きな自由の中で。すべての人々のための発展、安全、人権」と題したその改革案において、国連の事務総長も、制度上の変革と内容的なクオリティの結びつきを強調している。「窮乏からの自由、恐怖からの自由、そして尊厳を持って生きる自由」、世界の住民のこうした自由の保障をめざして、国連の諸機関の改革は行われねばならない、と。

　このことはまた、安全保障理事会の構成の問題にとっても重要なことである。戦略的な考慮よりも、クオリティに関する考察がここでもより影響力を持たねばならない。クオリティといっても、単に経済的な力だけを考えているわけではない。経済的な力は、自己目的ではなく、前提なのである。つまり、これまでの経験が示しているとおり、人権に関する、そして平和創出に向けての国連の活動に寄与する参画の前提であり、また他方で、国内においても人権、法治国家、そしてデモクラシーというクオリティを確保、いやおよそそれをまずは達成するための前提である。人権においても、個人的自由の古典的な保障と並んで経済的、社会的、文化的な内容を同じように考えねばならない。つまり、1966年の二つの協約［1966年の第21回国連総会において採択された国際人権規約の社会権規約と自由権規約のこと。1976年に発効。日本は1979年に批准］の目標と約束のことである。

さらには安全保障理事会の行動権限の法的基盤も、世界の住民の利害により適合したものとならねばならない。憲章39条以下にあるあいまいな構成要件と裁量構造は、裁量のために不可欠な、そしてその裁量を規制する適切性［比例性］の原則も含めて、もっと精密かつ厳密なものとならなければならない。そのための案はすでに提出されている。その際に、特にはっきりしているのは、安全保障理事会の行動ポテンシャルの、恣意性のない、そして平等な利用が望まれているということである。重大な人権侵害、ジェノサイド、戦争犯罪、民族浄化などが生じたとき、あるいはその恐れのあるときに、介入の義務へといたるような、保護への応答責任と、安保理の行動ポテンシャルは結びつけられねばならない。そうしたことが、憲章の形式的な変更によってもたらされるか、あるいは、現行の憲章の解釈基準の一致を見ることによってもたらされるか、そのことは最終的には決定的なことではない。

　人権委員会もまた根本的な構造変更を必要としている。現在の人権委員会は、行動能力を持つにはあまりに大きすぎる。この委員会には、人権に関して無惨な成績を残している国々もメンバーとなっているため、この委員会の行動の信用は薄弱になりがちである。ここでも、メンバーとするかどうかは、当事国の内部における自身の姿と関連させなくてはならない。さらにこの人権委員会は、経済社会理事会、そして総会に対する従属した立場から解放された主要機関として設置され、こうした諸機関と同格のものとならねばならない。そうなってはじめて、これまでプログラムの上ではとっくに同権の存在として並んでいるのに、プログラムだけで制度としては実現されていなかったものが、組織上もそれに見合ったものとなるのだ。

　三つ目の側面として、平和構築委員会（ピースビルディング・コミッション）の構想を挙げておきたい。これは、安保理のためのみならず、経済社会理事会のためにも活動する委員会である。平和維持、つまりピースキーピングの活動だけでは不十分なのである。それ以上に、紛争のあとで、引

き続いて経済および法治国家体制の再建を保障するような、もろもろの制度を作る必要がある。周知のように目下のところは人権委員会にも、平和構築委員会の案にも——この点では安全保障理事会の改革の問題とは違って——向かい風が吹いている。安保理の常任理事国から吹いているばかりでなく、南半球の国家群もこの風を支えている。つまり改革は、異なった複数の陣営からの抵抗に直面しているわけである。この状況は、妥協が成立するチャンスとなるかもしれない。

　ここは、改革の努力がどういう結果をもたらすかについて、予測をする場ではない。今挙げたさまざまなテーマが議題であり続けることに変わりはない。しかし、このこととから離れて、世界住民の方へ向けての国際法の発展という問題は、国連の領野における改革がすぐさま成功するかどうかということを別にしても、問題として提示されているのである。

　グンター・トイブナー氏の昨日の報告にもあるように、国際的な審決機関の階層化がうまく行くチャンスはないだろうとするならば（この意見には、ハーグの国際司法裁判所の位置の低下を見れば、賛成せざるを得ない）、そしてまた、目下のところ部分的法秩序へと断片化した国際法を、統合して包括的にまとまったものとすることが無理であるならば、さらにまた、国際的次元においては、法の切れ目なき階層化は不可能であり、その代わりに、相互に異質な法制度のあり方が続くならば、今後どの方向に進むことが可能なのかという問いが生じて来る。グンター・トイブナー氏は、領土別ではなく、法分野別のアプローチのネットワーク化というコンセプトを推奨している。このような考え方をすることでトイブナー氏は、なによりもアメリカから聞こえてくる意見と同じ方向となる。このアメリカでの意見は、ネットワークのイメージを中心に据え、国家の統合性の低下を観察しつつ、主権というコンセプトを、自律性という意味ではなく、管轄をあらわすカテゴリーと捉える方向へと変化させ、補おうとする。それゆえ、国家以外のアクターが多かれ少なかれ国家と並ぶ同権の位置に来るようになり、そうしたアクターたちが相互にネットワーク化せざるを得なくなる

ように仕向けられていく、というのである。

　こうした考え方は興味深いところがあるが、明らかに危険もはらんでいる。危険は特に正当化の問題に関してである。国家主権という考え方が放棄されて、事実的な力によってのみ根拠づけられた役割を持つアクターが重視されるとなると、正当性は拡散してしまう。それゆえ、特にアメリカ起源のネットワークという考え方に対しては、私自身は懐疑的である。たしかに主権の制限ということは必要であろう。冒頭に述べたとおり、多くの国家の弱体化から発する隙間を埋めるという理由だけでも必要であろう。しかし、ネットワーク的な考え方では、なによりも、国際的に組織されたさまざまな制度が危険にさらされることになると思われる。カオス的な協力形態の中で相互にネットワーク化され、また相互に観察しあうような諸制度だけが問題なのではない。国家を創設者とする組織は、トイブナー氏が論じているレジームである。そして実際問題として、こうしたレジームが並列しあう中から生じる抵触の相互調整が必要なことはたしかである。しかし、こうした調整が適切かつ展望あるかたちで行われるためには、他のレジームの決定を顧慮する義務に関しての新たな法規範が形成されるだけではなく、このような決定に拘束力があるとする推定に関して、法規範が形成される必要がある。そうした拘束力を、もちろん持続的な根拠をあげながらだが、拒否するチャンスも含めて法規範が形成される必要がある。ヨーロッパの司法制度の内部では、つまり、統合された共同体のヨーロッパ裁判所、ヨーロッパ人権裁判所、そして個々の国々の憲法裁判所や専門裁判所相互の関係に関しては、現在こうした法規範形成のプロセスを見ることができる。国際的な委員会が当該の管轄分野の枠内で正しい（korrekt）手続きを経て行った決定は、正当であるとする基本的推定を受け、それゆえ拘束力を持つといった内容の普遍的な法原則が可能となるかもしれない。もちろんそのためには、根拠づけの文化がより高まる必要がある。先例の権威（precedential authority）のための形式的前提が欠如しているがゆえに、説得力の権威（persuasive authority）が必要となるならば、

法的決定の詳細な根拠づけが不可欠となる。法によってなされた決定についての根拠づけの文化に関して言うならば、個々のナショナルな法文化こそは、興味深い、そして多様な経験を提供してくれるものである。法廷における、また法廷外における争いの収め方に関して、ヨーロッパでの、またアジアでの異なった伝統の刻印を、そうした経験は帯びているからである。

　この関連で今一度強調しておきたいのは、国際的なもろもろの構造・制度の改善にあたっては、国内であれ、または［EUのような］統合された共同体のなかであれ、内部の問題の解決にあたってのさまざまな経験から学びうるし、また学ばねばならない、ということである。こうしたことは国連の枠内で始めうるし、国連によって本質的な進歩が達成されねばならないという要求を放棄する気は、私にはまだない。それゆえ、国際司法の階層化は、審級化された司法制度という意味ではすぐにはなくとも、いずれにせよ実質法的な意味において部分的には達成可能であるし、また達成できねばならない、ということを強調しておきたい。その全体が世界の住民を構成する一人一人の人間の利害に直接かつ基本的に奉仕する定めを持っている法、つまり普遍的な人権の優位こそは、我々が論じるすべての次元とコンテクストにおいて守られ、また闘い取られねばならない。松井芳郎氏は、2002年の『日本国際法年報』において、人権に関する展望が出てきたことを、現代の国際法における最も重要な構造上の変化であるとして、その際に、日本の国際法学がドイツの影響から離れ、解放されることに成功してきたさまを歴史的に描いておられる。ドイツの影響とは、カール・シュミットやハンス・モーゲンソーといった名前に代表されるものである。どれも過ぎ去った、かつての時代の代表者たちである。今日ではもはや影響とか輸入といったことが問題なのではなく、なすべきは対話である。このワークショップの最後に、国際法学における日独の対話は両方にとって、そしてなによりも国際法そのものにとって、得るところが多かったと言えるならば、とてもすばらしいことである。我々はこの国際法の今後の

発展にともに貢献しようとしているのだから。

グローバル化・法制度化・国際法
――国際法はグローバリゼーションを生き残れるか――

奥 脇 直 也

I

「国際法はグローバリゼーションを生き残れるか」という副題はやや刺激的であるが、ここではこのような問に何らかの意味があるか自体を問題にしてみたい。結論的にいえば、こういう質問に yes か no で答えることには意味がないが、なぜこうした質問が今なされるのか、そしてそれにどう答えるべきかを考えることには大きな意味があると思う。

どうしてこうした質問がなされるかというと、それは現象的には、国際関係がグローバル化して、国境を越える人や物や資本や情報の流れが増大した結果、国際と国内の区別がつきにくくなったことがある[1]。つまり従来国家単位で形成されてきた国内社会が相互に浸透し始めるとともに、そこに国際制度が様々な形で介在するようになってきている。しかもこうしたグローバル化の過程には私人を含む国家以外の様々な行為主体が直接に参加し、国家間の正式の合意以外の様々な自生的な規範が国際社会の秩序を創造しまたそれを支えるようになっている。さらに国家間の合意によって創設された国際組織の中にも、そうした非国家主体のイニシアティブが取り込まれ、目に見える形で、私人が国際法の実現過程に姿を現すようになってきている。こうした現象は国家間の合意に基づいて国家と国家の関係を規律する法と定義されてきた従来の国際法の守備範囲を明らかに超え

ており、その意味で伝統的な国際法が規律していない事項、あるいはその規律が不十分である事項が次々に現れ、とはいえ国家間での公式の合意の成立には時間がかかりそれを待ってはいられないという事態があちらこちらで生じる、そうした現状が強く意識されるからである。

II

　ここではこの問題に答えるために、二つの概念を取り上げたい。第一は国際社会の共通利益（common interest）と国際公益（public interests）の区別である。第二はグローバリゼーションと国際共同社会（international community）の概念である。前者についていえば、これまでの国際法学の主流においては、国際法は国家を構成単位とする社会の法と定義される。西欧語で国際法という場合、国際法には二つの系列の概念があり、英語でいえば law of nations と international law、フランス語では droit des gens と droit international public、ドイツ語では Väolkerrecht と internationales Recht である。この区別が意識して使い分けられているとすれば、後者の概念が国家間法としての国際法に当たる[2]。その意味での国際法においては、国際社会は主権国家を主体とする法秩序としてとらえられ、国家は国際紛争の発生を防止するために合意によって規則を作り出し、その枠組みの中で対立する利害を相互に調整しているということになる。たとえば国内管轄事項不介入の原則は、国家が他国の内政に介入することから生じる国際紛争の発生を抑制しする仕組みの一つであり、また外交保護権というのは外国で私人が蒙った損害をきっかけに国家間で紛争が発生するのを抑制する仕組みとして理解されてきており、国家間法としての国際法にはこうした紛争回避の仕組みが様々な形で組み込まれている。その意味で近代国際法は消極的な性質によって特質づけられる。

III

　産業社会が発展して国家間の相互依存の必要が意識されるようになると、国際法は一国では処理できない問題、これには国際交通、国際通信や度量衡、伝染病、労働基準、犯罪抑止などが含まれるが、それら問題を処理するために、国家の共通利益を凝縮して、その限りで内政基準の調整を行う積極的な機能を取り込むようになった。またそのために国際組織を創設してそれら基準の調整が社会の変化に対応して行われるように確保するようになる。こうして国際法はいわば国際協力を通じて「共益事業」を積極的に展開する枠組みを作るようになる。ただしそこまでの国際法の発展は、依然として伝統的な国家の主権性を前提として理解されてきた。つまり国家は各の国家利益を確保するために合意するのであり、国際法によって他律的に規制を受けるのではなく、規制を主権的に合意する限りでまさにそうした国際協力は主権の発現であると説明されたのである。もっとも国際組織の発展の歴史をみると、こうした動きは、当初は、私的なイニシアティブによる私的国際連合体（private international union）の創設から始まっており、国家はどちらかというとそれら私的な国際事業の共益性を後追い的に認知して、国際行政連合（public administrative union）という政府間国際組織の設立に合意していったのである[3]。

IV

　ところで20世紀後半以後、とくに人権の国際保護への意識が高まるようになって、事情は大きく変化する[4]。最近では国際環境法の発展がこの変化をさらに押し進めている[5]。その変化は一言で言えば、これまで国家利益を中心に考えられてきた国際社会に、国際社会に固有の利益、つまり国際公益があると考えられるようになったということである。「全体とし

て一つの国際社会」(international society as a whole) という表現が使われたり、「国際社会にも強行法規（jus cogens）がある」といわれたりするようになる[6]。すなわち国際社会も一つの公序（public order）、つまり international community であって、諸国が一つの統合された価値、普遍的利益の実現に向かって協働する責務を負っているという考え方である。国際社会が国家間の相対的な二国間秩序の算術的総和ではもはやないという見方である。もちろん実定法秩序としての国際法にそれが反映されているかというと、簡単にはそうとはいえない。何が国際社会の強行法規であるかということも確定していないし、何よりも国家の協働を国際的に担保する制度が欠如している。もっとも国連の信託統治における住民の請願権とか、国際人権規約に付随する議定書で定められた人権侵害に関する個人通報権、最近では世銀その他の途上国融資のための国際金融機関におけるインスペクション・パネル、さらにはジェノサイドや人道法の重大な違反を国際社会の名において処罰するための国際刑事裁判所（ICC, International Criminal Court）の創設などは、こうした方向への動きとして理解することができる。

V

　国際公益の概念の導入は、伝統的な国際法の国家間の紛争回避という消極性を越える部分があり、実際にも随所で国家間の紛議の原因となって、主権国家にその対応能力を超えた負荷をかけているともいえる。ICJ が扱ったブレアード事件、ラグラン事件、アヴェナ事件、欧州人権裁判所のソーリング事件、バンコビッチ事件、さらにはイギリス裁判所のピノシェ事件や ICJ のベルギー逮捕状事件などは、いずれも国家間で合意されている法制度の枠組からみれば、その限界を超えた事例であった。たとえばドイツが原告として ICJ に提訴したラグラン事件は、形式的国籍がドイツ人であるというだけで領事通報がなかったことを理由にドイツが実際上の目的と

しては死刑執行の停止を求めた事件である。もともと領事条約の領事通報制度が領事機能を円滑化するための国家間の手続きを定めたものであるから、領事通報義務の履行のみが国家間の問題となるはずであり、領事通報を怠ったことで犯罪容疑者の人権保護が侵害されたとはいえない。死刑が残虐な刑罰にあたるとして国際法によって禁止され、それが強行法規として確立しているというのであれば話は別であるが、そういう国際法が確立しているわけでもない。その意味でラグラン事件においてICJの暫定措置が死刑執行の停止をもとめたことは、ICJが暫定措置を人権保護のための独立手続として運用することに踏み切ったことを意味する。また人権条約上の国家の義務はその実効的支配の及ぶ領域内における人権保護にその場所的適用範囲を限定したものであったはずであり、犯罪容疑者の引き渡し要求を受けた国が相手国の刑罰制度を理由に引き渡しを拒否することは予定されていなかった。その点ではEU裁判所のソーリング事件も人権保護について新たな制度の運用に踏み切ったものである。また拷問に関する条約上の普遍的管轄権（treaty-based universal jurisdiction）も、自国に所在しない犯罪容疑者を自国に引きずり込んで処罰を実施することまでをも予定しているわけではなく、不処罰を放置する文化（culture of impunity）の根絶を目指していたわけではない。ただこうした事例は、犯罪容疑者の人権保護、残虐な刑罰の禁止あるいは拷問行為の禁止が、どこにおいてであれ効果的に実現されるべきことを主張し、そのために国家主権の属地主義による制約を既存の国際法の枠をこえて取り払おうとする方向を目指すものであり、国際公益の観念がその背後にあるものといえる[7]。国際公益が従前の国家主権の属地性原理を相対化し、国内管轄事項不介入の原理を浸食しつつあるということである。

VI

このような国際公益の概念がグローバリゼーションにとって持つ意味は

次の点にある。すなわち国家の国際協力の枠組は国家の公式の合意においてはあくまで国家の共通利益を基礎に置くものであったはずであるが、その枠組を使って、さまざまなアクターが国際公益の実現過程に参加するようになりつつあることである。そしてその過程で、国家あるいは国際組織は、国家の領域のなかで何が実際に行われているかについて関心を持つだけでなく、実際にその情報を収集し、それを判断して国際公益を実現するために何らかの対応をとる必要が生じてきているのである。ただ他方で、国家の執行管轄権の属地性という問題があり、この原則がむやみに踏み破られて外国が他国の内政に関与すれば、紛争が頻発することとなり、現代の国際関係の安定性を確保することができない。そこで各国の領域内のそれぞれの場において何が起こっているかを注視（watch）する人権専門家や環境専門家が必要であり、またその国際ネットワークによる情報の収集が必要不可欠となる。つまり国家が発信し提供する情報のみでは信頼性がない、あるいは国際制度のアカウンタビィティを確保できないという事態が生じているのである。国際組織や人権・環境条約の履行機関あるいは世銀のインスペクション・パネルなどが各種のNGO、私的団体をその活動に取り込むようになったことの意味もそこにある。また国際刑事裁判所（ICC）も、人道法違反が行われつつある現場で事実を監視し情報を提供する法律専門家がいなければ実際上十分な活動はできないであろう。要するに国際公益の実現過程では、さまざまな利害の国内的な対立をとりまとめて単一の国家意思（single national voice）として表示する国家の役割は相対化され、国際組織や他の国家、政府機関のほか、非国家主体としてのNGOやcivil societyが相互に国境を越えて連携し、既存の様々な政治の制度を用いながら新しい国際社会の展望（vision）を模索しているのである。

Ⅶ

　現在の国際社会は、そうした形で、国家が合意できる国際公益を実現す

る様々な仕組みの制度設計がなされつつある段階にある。国家間の紛争を処理する様々な手続きが整備され、国際関係の法制度化（legalization）とか司法制度化（judicialization）とかいわれるようになっている。確かに分野ごとに各種の法的なフォーラムが作られ、かえってそれぞれのフォーラムが行う決定の統一性が担保されないことから、国際法が分節化される（fragmentation）ことも危惧されるようになってきている[8]。また経済グローバル化との関係では、WTOの紛争解決制度が高い実効性をもって機能するようになってきているが、同時にそれはガット法の適用という制度的文脈に自己抑制する制度設計がなされているため、環境や人権など非貿易的関心事項の問題に積極的に踏み込むことができないことが問題となっている。その反面、WTOそのものは国家間紛争の解決手続きであるが、その内部では手続きの私化（privatization）が進んで、実際の手続きは貿易関連の私的団体がコントロールしているような場合もある。WTOがこうした両面をもちうるのは、それが貿易に特化した閉ざされたレジームを形成しているからであるが、その意味でWTOに代表されるグローバリゼーションの法制度化は、国際公益の形成には当然にはつながらず、貿易関連団体の利害調整のフォーラムになっているともいえる。WTOについては、公正貿易の拡大の結果として市場のメカニズムを通じて環境保護も人権保護の拡充もいずれ実現され、国際公益の実現が展望されるといわれることがある。しかし他方で、WTOは争点を分節化して特定することを通じて、経済合理性を貫徹する技術官僚制（technocracy）の支配する世界を作り上げているだけであるともいわれる。もしそうであるなら、そうしたグローバリゼーションは、下手をすると相互依存（interdependence）の拡大であるが新たな従属（renewed dependence）の拡散でもあり、統合化（unification）である反面、分節化ないし分断化（fragmentation）でもあるということになりかねない。さらにそれは社会の同質化（homogenization）をもたらすと同時に、多様化（diversification）も進行させるというように相反する側面をもっている。要するにグローバリゼーションは単一方向への単

純な一つの流れとは限らない。WTO をめぐり立憲化（constitutionalization）の議論が出てくる理由もそこにある[9]。国際公益につながりうる法制度化は、様々な利害関係者（stakeholders）を取り込んだものでなければならず、またその過程で国際公益を具体的に特定できる新たな概念を創造し、その概念を用いた相互作用や対話（dialogue）を通じて、すべての人々の認識（perception）を変化させることができるような場として設計されなければならないのである。

Ⅷ

さてそうした中で国際法にはどういう位置が与えられるのであろうか。この問に答えるためには、現代国家が社会秩序の維持形成において果たすべき役割の問題を確定する必要がある。国内社会で国家機能の民間移管（privatization）や市場化（commercialization）が進展しても、国家が果たすべき役割が変化するだけで「国家の退場」（retreat of the state）[10]とか「歴史の終焉」（end of history）[11]が生じるわけでないのと同じように、国際社会でも外交の役割や国際法の役割が変化するだけであるという指摘もある[12]。G. Niemeyer はその Law without Force という本のなかで、1930 年代には国際法は「ダム」型から「運河」型に変化しつつあると看破している。つまり水をせき止める行為禁止機能から水の流れを誘導して洪水をふせぐ基準設定による行為誘導型の機能に変わっていくということである[13]。もちろん運河が建設されるまでの間、ダムなしに洪水の危険を放置するわけには行かない。しかしダムの存在が運河の建設を先延ばしする口実になるのであってはならない。同じように、国際公益の概念が自生的に発展し、世界の人々の社会認識を変化させるには、相当に長い時間がかかる。それまでの間、国家は国際法の一般的な概念を用いて大規模な無秩序の発生を抑え込みつつ、同時にそこに新たな国際公益の概念を接ぎ木していくという難しい作業を続けなければならない[14]。

様々な国際制度や国内制度は、すでにそうした方向での国際法秩序の再構成を取り込む試行錯誤の中にあるといえる。先に述べたようなICJの暫定措置の独立手続としての運用は、権利保全という司法作用の付随的な手続から離れて、よりよい国際統治（good governance）の実現に裁判所自身が加わる意味をもっている。暫定措置を通じて裁判所は国際行政過程に参画しているともいえる[15]。海洋法条約が海洋法裁判所に海洋環境の重大な汚染の発生のおそれがある場合に暫定措置を命じる権原を認めているのも、国家の個別利益を越えた行政の差しとめ訴訟的な制度を導入したものと評価することができる。しかし独立手続化した暫定措置制度の運用は、それ自体が国家間の紛争を解決するものではない。「紛争の悪化・拡大の防止」や「人権保護」を理由とするICJの暫定措置には、常に、当事者間で協議を行うことを命じ、また暫定措置を受けた交渉の進展について裁判所に随時情報提供することを求めている。つまりこれら暫定措置のもとで紛争当事国が合意によって紛争を解決する努力を裁判所が監視するという運用がなされるのである。この国家間の交渉の過程では、未だ実定法として確立していない様々な原則が持ち出される。

　そうした原則の具体的な例を環境法の分野であげれば、予防原則（precautionary principle）とか、持続的開発（sustainable development）とか、世代間衡平（intergenerational equity）とか、衡平利用（equitable use）、さらに共通であるが差異ある責任（common but differentiated responsibility）など、新しい概念が法的文書にまで取り込まれるようになっている。それは人々の環境についての認識を変化させ、また国家の政策に取り込まれることによって新たな規則を生成する。しかしそれらは直ちに裁判において環境侵害の責任追及を根拠づける得るまでに成熟したものではない。つまりそこから行為禁止型の具体的な規則を導き出すことは難しい概念であり、それゆえ裁判所で紛争の司法的解決のために直接に適用することのできにくい概念である。しかしそれらはよりよい環境を創出するための国家間の政策調整のための交渉や国際組織や市民の間での建設的対話による問

題解決において参照され、将来における妥当な制度構築を進めるためには極めて有益な概念である。したがってそれら原則の遵守（compliance）は、様々なレベルで行なわれる政策形成や制度構築の考慮要因として取り込まれることを意味するのであって、サンクションを伴う執行によって強制（enforce）されるものではない[16]。それら概念や原則は国際公益の具体化をめぐる経営管理的（managerial）な作用概念に留まるのである。

Ⅸ

　結論的に言えば、国際法の遵守という場合に、二つの局面を分けて考えるべきである。一つはよりよい国際統治を目指す局面である。二つは国家の義務違反から生じる国家間の紛争を解決する局面である。前者は国際公益の特定化と進化を目指し、様々な行為主体が参画することによって活性化される。しかし後者はあくまで国家間法としての国際法が最後の砦として国家の国際義務違反の責任を追及し、諸利害の対立を抑え込んで国際秩序の崩壊を押しとどめる作用を営む局面である。この両局面をどう相互に関連づけていくかこそが、現代の国際秩序の制度設計の基本的な課題である。それはまた国際公益を具体化し、国際公益に対応した国際法の憲法化を促進するという課題に関わる問題である。

1　詳しくは拙稿、「現代の国際法過程における国家，私人，国際制度——本特集の趣旨」、特集「国際制度と国内制度の交錯と相互浸透」ジュリストNo1299（2005.10）2〜8頁、参照。
2　英語で international law という概念を意識して最初に用いたのは J. Bentham（1748-1832）であったといわれる（"The Principles of International Law"（four essays scanned from Volume 2 of the 1843 Bowring Edition of Bentham's works（pp. 535-560），University of Texas）。現代でも law of nations や Väolkerrecht の概念が使われることも多いが、この系列の概念は、もともと「諸国民の法」という意義が含まれ、人を等しく規律し、それゆえ人の団体である国家をも拘束する法であるとされ、それゆえ遡っては、自然法思想との継続と自立という思想史上の系譜に連なる問題を含む

概念である。なお大沼保昭編『戦争と平和の法：フーゴ・グロティウスにおける戦争・平和・正義：戦争』(東信堂、1994 年) 参照。

3 山本草二「国際行政法の存立基盤」国際法外交雑誌 67 巻 6 号 (1969 年)、拙稿「『国際公益』概念の理論的検討」、広部・田中編『国際法と国内法——国際公益の展開』(勁草書房、1991 年) 173～243 頁、参照。

4 人権の国際保護と並んで、19 世紀以来の国際社会の相互依存は、国境を越える人や物の流れを拡大し、とりわけ国際商取引にかかわる企業の活動の拡大はすでに国家間法としての国際法では賄いきれない多くの問題を生じさせ、それらを規律すべく国際法の射程の拡大が模索された。小畑郁「世界公共圏の構築としての『国際法の重層化』——後期ウォルフガング・フリードマンの法プロジェクト」世界法年報 20 号 (2000 年) 151-176 頁、薬師寺公夫「トランスナショナル・ローの現代的意義——非国家主体と国際法の課題」世界法年報 21 号 (2001 年) 3～37 頁。

5 オゾン層保護条約は、生物が海から陸に上がることを可能としたという意味で人類誕生の絶対条件であったオゾン層が、産業社会に必須の安定したフロンという人工の物質によって破壊されつつあることへの危機感が、人類をして産業社会の効率を乗り越えて国際協力による規制に踏み切らせた国際環境法の先駆的な例であり、国家の部類に応じた経過的措置による差異化はあったものの、まさに国際公益の観点が法の発展を動かした象徴的事例である。

6 Barcelona Traction 事件において裁判所は傍論ながら次のように述べている。領域内に外国投資や外国人を受け入れた国家はそれらに保護を与える義務またその処遇について様々な義務を負うが、「国家が国際共同体全体に対して負う国家の義務と、外交保護の枠内で他の国家に対して負う義務とは基本的に区別されるべきである。」このうち前者は「その義務に対応する権利の重要性からみて、あらゆる国家がその権利の保護に法的関心をもつ」ものであり、「対世的義務」(obligation erga omnes) である。その例として ICJ は、侵略やジェノサイドの禁止、基本的人権の保護などを掲げている。ICJ Report, 1970, paras. 33 以下。

7 拙稿「国際法における普遍主義の潮流」上智法学論集 49 巻 3・4 号 (2006 年) 3～16 頁。

8 Yubal Shany, The Competing Jurisdictions of International Courts and Tribunals, Oxford, 2003, Benedict Kingsbury, Foreword: Is the Proliferation of International Courts and Tribunals a Systematic Problem?, 31 NYU J. of Int'l L. & Pol., 1999, pp.679-696 および同号の特集所収の諸論文、参照。

9 Deborah Cass, The Constitutionalization of the World Trade Organization, Oxford, 2005, R. Howse, The Legitimacy of the World Trade Organization, in Coicaude and Heiskanen (eds.), The Legitimacy of International Organization (UNP, 2001), J. Jackson, The World Trade Organization: Constitution and Jurisprudence (19989、西元宏治「国際関係の法制度化現象と WTO における立憲化議論の射程」ジュリスト 1254 号 (2003 年)

114〜122 頁、伊藤一頼「市場経済の世界化と法秩序の多元化——ブルーバル部分システムの形成をめぐる議論の動向」社会科学研究 57 巻 1 号（2005 年）9〜37 頁。
10　S.Strange, The Retreat of the State: Diffusion of Power in World Economy, Cambridge, 1996（櫻井公人訳『国家の退場——グローバル経済の新しい主役たち』〔岩波書店、1998 年〕）。
11　Francis Fukuyama, The End of History and the Last Man, Free Press, 1992（渡部昇一訳『歴史の終わり（上・下）』〔三笠書房、1992 年〕）。
12　Saskia Sassen, Losing Control?: Sovereignty in an Age of Globalization, Columbia UP, 1996, esp. pp.22-30.
13　G. Niemeyer, Law without Force: The Function of Politics in International Law, 1941, reprinted from Transaction Pub., 2001.
14　拙稿「領域主権の概念をめぐって——ウェストファリア・パラダイムの行方」、国際法学会『陸・空・宇宙』（三省堂、2001 年）1〜32 頁。
15　拙稿「武力紛争と国際裁判——暫定措置の法理と機能」、村瀬他編『武力紛争の国際法』（東信堂、2004 年）、784-827 頁。
16　遵守の概念をめぐっての議論としては、拙稿「なぜ国際法に従うか？——国際法学の新たな課題」『学術の動向』（2005 年 7 月号）、N. Okuwaki, The Changing Nature of International Obligations: Can Voluntary Compliance Overcome the Difficulties in the Present Nation-States System? in T. Schoenbaum et al ed., Trilateral Perspectives on International Legal Issues:From Theory into Practice, Transnational Pub., 1996, pp.61-88, Abram Chayes, On Compliance, 47 Int'l Org., 1993, Chayes & Chayes, The New Sovereignty: Compliance with International Regulatory Agreements, Harvard UP, 1995（とくに条約への遵守に関して「強制執行モデル」（enforcement model）に代えて、紛争当事者を含む各種の国際機関の間での対話による目的の実現を誘導する「経営管理的モデル」（managerial model）を強調している）。なお同様の経営管理的モデルによって、国際裁判所と国内裁判所、異なる国の国内裁判所相互の間の判例参照＝対話においても成立することについては、Harold Koh, Transnational Legal Process, 75 Neb. L. Rev. 1996, pp.181 et seq., id., Why Do Nations Obey International Law?, 106 Yale L. J, 1997, pp.2559 et seq.

第6部 刑法部会

刑法の国際化
——ドイツと日本における国際刑法の受容を中心に——

フィリップ・オステン

I　はじめに

　「国際化」、「グローバル化」は、いずれも現在では法のほとんどすべての領域において関心の的となっている現象である。この動きは、近時、刑事法においても独自の発展を遂げてきたが、このことがこれまで必ずしも自覚的に認識されてきたわけではなかった。国境を越える性格の刑事事件が次第に増えてきている。この種の「越境犯罪」は、実体法についても手続法についても多くの問題を提起しているように思われる。犯罪の国際化にいかに対処すべきか、とりわけ国家間あるいは国際的な協力という形でその撲滅に向かうにあたり、従来の刑法上の手段で足りるのか、それとも確立された法治国家の諸原則を逸脱してもなおこれらの犯罪現象に立ち向かう必要があるのかが、今、鋭く問われている。これは、従来の刑法学に根本的な転換を迫る課題となっている。

　以上のような問題については、（後掲の）井田報告において考慮すべき中心的な課題が包括的に示されており、その批判的な分析や結論に概ね賛同できるものである。そこで、本稿では、同じ問題について今度はドイツ法の立場から新たに分析を加える、ということよりも、むしろ、さらに詳細な検討に値する刑法の国際化のもう一つの重大な観点を取り上げたいと思う。すなわち、（井田報告にも言及のある）超国家的な法益のことである。

第6部 刑法部会

その保護のための刑罰法規の創設はすべての国に要求されている。ここでは、まさに「真の意味での刑法の国際化」、とりわけ国際社会全体の関心事である最も重大な犯罪の訴追、いわゆる「国境なき犯罪」の処罰が問題となっている。一言でいえば、国際刑法のことである[1]。

国内刑法を「国際化」させようとする「ハーモナイゼーション」の要請によって、とくに経済刑法や組織犯罪対策の領域において、立法者はしばしば迅速に対応しなければならないが——ドイツの場合においては、ヨーロッパ法も大きく影響しているのであるが——、このような要請を受けて成立した刑事立法の一部は刑法の従前の諸原理と抵触することもあるのではないかとの懸念も表明されている[2]。これとは対照的なことに、明らかに歓迎すべき動きと考えられるのが、国際刑法の領域における動向である。国際刑法という法分野は、冷戦終結後に飛躍的な進展を遂げ、実効性のある国際刑事裁判権の創設に結実したのである。しかしながら、国際刑法というものが存在すること自体、最近に至るまで疑問視されてきたこともまた事実である。

そこで、本稿においては、まず国際刑法の発展（Ⅱ）およびその概要（Ⅲ）につき概観し、次いで、ドイツと日本における、それぞれの国の国際刑法に対する受け止め方について若干の検討（Ⅳ）を加えたうえで、最後に、刑法学に残された課題（Ⅴ）について述べることにしたい。

Ⅱ 国際刑法の発展

国際刑法の発展はドイツと日本に密接に関連している。

普遍的に適用され、世界規模で貫徹しうる刑法という考え方は人類の歴史においてかなり古い起源に遡ることができるが、20世紀に入って、初めてその実定法化・立法化が試みられた。個人の国際法上の刑事責任が確立されるに至る過程において、とりわけ2つの障害を乗り越えねばならなかったのである。その一つは、古典的な国際法において個人責任という概

念が存在しなかったことである。国際法上の主体はただ国家のみであり、個人の主体性は認められなかったのである。国際法において刑法規範が確立されるためには、個人が国際法上の主体であることを承認する必要があった。そして、二つ目の問題として、主権概念に固執する諸国家の、外部からのあらゆる「干渉」への強固な拒絶的態度を克服する必要があった。

　この２つの障壁は、結局克服されることになった。それに際して、現代の国際法の一般的な潮流、すなわち個人の法的主体としての地位が重視されることによって、国際刑法の形成が促進されたのである。しかしながら、第二次世界大戦の惨事とナチスの独裁政権がなければ、国際刑法という法分野はおよそ日の目を見ることがなかったであろうことは、歴史の皮肉というべきかもしれない。第二次世界大戦の戦勝国はニュルンベルクと東京に国際刑事法廷を設置することでそれらの惨事に対処した。第二次界世大戦の残虐行為とヨーロッパのユダヤ人に対するジェノサイドの後にも、国家によって命令された大規模な犯罪が続発しており、そのつど全世界を震撼させたのである。しかしながら、冷戦が続いていた間は、国際社会において政治的なコンセンサスが欠如していたため、国家の関与の下に行われた犯罪に対して刑事的な制裁が加えられることはなかった。冷戦終結後、国連は旧ユーゴとルワンダにおける虐殺を受けて、ようやく旧ユーゴとルワンダのための国際刑事裁判所を設置するに至った。このように、国際刑法は、人類史上の暗黒の歴史を乗り越えて生成したものである。

　これまでの発展を要約すると次のようになる。すなわち、国際刑法の道には３つの里程標がある。まず、（１）その初歩的な姿は、第二次世界大戦終結直後の「ニュルンベルクと東京の法理」の中に見出すことができる。この法理は、ニュルンベルク・東京の両裁判所の規程（憲章）において体現したものであり、この２つの国際軍事裁判所によって適用されたもの、そして国連総会によって承認されたものが、それである[3]。次に、（２）90年代の中頃以降、旧ユーゴとルワンダのために国連によってアド・ホックに設置された国際刑事法廷の訴追実務・判例が、国際刑法の法理が国

際慣習法上確立していることを浮き彫りにし[4]、そして、(3) 国際刑法の諸原理のこの一連の流れが結晶化されたのは、2002年に発効した国際刑事裁判所を設立するローマ条約（国際刑事裁判所規程）においてである[5]。これは、差し当たり最後の画期的なステップである。ローマ規程によって初めて国際刑法が包括的に法典化されたのである。ローマ規程では国際慣習法上確立された刑法が確認され、より詳細に規定されている。

　90年代の初めには国際刑法の存在そのものがまだかなり疑問視されていたのだが、今日ではこうした疑念はすべて払拭されることとなった。すなわち、国際刑法は現行国際法の一部を成しており、諸々の国際刑事裁判所によって適用されている。各国は国際刑法を貫徹するよう要請されており、その実施のための国内立法は多くの国において進行中である。国際刑法の刑法学上の取り扱いに関する結論は明白である。つまり、過去において、国際刑法に関するほとんどの研究が従っていた歴史的叙述方法はもはや時代遅れである。今日において重要なことは、法領域としての体系的な整備と解釈論上の基礎付け、ならびにその国内実施なのである。

　以下においては、このような視点に基づいて現行国際刑法の基本概念を概観していきたい。

Ⅲ　現行国際刑法の概要[6]

1　国際法上の犯罪

　現行の国際刑法は、国際法上、個人に対する直接可罰性を根拠付けるすべての法規範を包含している。換言すれば、国際法上の犯罪とは、国際法上直接可罰性を伴うすべての行為のことである。それらの犯罪とは、戦争犯罪、人道に対する罪、ジェノサイドの罪、侵略の罪の四つである。これらのいわゆる「中核犯罪」(core crimes) は、「国際社会全体の関心事である最も重大な犯罪」[7]であり、国際刑事裁判所の管轄権が及ぶものである。これらの「中核犯罪」とは別に、例えば薬物密輸やテロのような犯罪行為

の場合においても国際法上の直接可罰性が確立しているかどうかについては争いがある。これらの犯罪について、国際法の動向はまだ明確な方向性を示していない。

2 慣習法上の国際刑法と条約上の国際刑法

国際犯罪の可罰性は、国際慣習法に依拠するのであり、国家による国際刑事裁判所規程等への加入の有無とは無関係である。

ドイツと日本の法律家にとって、慣習法に基づいて処罰を行うという発想自体は、訝しいことであるかもしれない。しかし、国際慣習法に依拠せずに国際刑法そのものの発展と貫徹はおよそ考えられないことである。

ローマ条約上の国際刑法自体は、可罰性を根拠付けるものではない。ICC 規程は、国際慣習法の一部を条文化したにすぎないものであり、国際慣習法を網羅的・満遍なく規定したものではない。

慣習法上の国際刑法は、国際刑事裁判所規程の締約国およびその国民のみならず、すべての人間と国家を拘束する。従って、国際刑法の貫徹と国内立法化による履行も、すべての国の課題であり、ICC 規程の締約国だけの課題ではない。

3 保護法益と刑罰目的

国内刑法と同様に、国際刑法は法益の保護をその任務としている。国際刑法の正当性と必要性は、個人や国家のみに属する法益ではなく、特定の文化圏における価値コンセンサスを越えて、まさに国際社会全体に属する法益の存在から導かれるのである。従って、このような超国家的な法益の保護は、第一次的には国際社会の法、すなわち国際法によって担保される。さらに、国際社会の構成員である諸国家の国内刑事司法によっても保護されなければならない。上述の最も重大な犯罪は、世界の平和と安全、すなわち国際社会の共通の利益を害するものであるため、その処罰も国際社会全体の関心事である[8]。

また、国際刑法における刑罰は、まず、国内刑法において認められた刑罰目的によって正当化される。すなわち、国際犯罪の処罰は、まず、予防に役立つものとされている[9]。さらに、次の二つの国際刑法特有の刑罰効果も考慮されるべきである。すなわち、真相解明の効果、および、個別責任の明確化の機能である。裁判所による人道に対する罪等についての事実認定は、歴史的事実・真相を解明し、かつ、これらの犯罪（の存在）そのものを否定するような言動を未然に防ぐことに資する。刑事判決による個別責任の明確化は、責任の所在を曖昧にするような集団責任主義的な発想の出現を防ぐことに役立つのである[10]。

4 　国際刑法の貫徹・履行

　国際刑法の貫徹・履行には、諸々の国際刑事法廷による貫徹（直接的履行）と国内刑事司法による貫徹（間接的履行）という二つの方式がある。

　各国の国内刑事司法には、原則として、国際法上の犯罪について訴追・処罰を行う権限がある。この裁判管轄権は、犯罪行為地国の場合、主権主義（属地主義）を根拠とするものである。しかし、ここで注意すべきなのは、行為地国と並んで、自国民が加害者または被害者となった場合に、いわゆる行為者国籍国または被害者国籍国のみが管轄権を有するわけではない、ということである。普遍主義を根拠に、すべての第三国が、国際法上の犯罪に対して管轄権を有し、それらの犯罪を訴追・処罰できることは、看過されてはならない点である。なぜならば、国際法上の犯罪は国際社会全体の共通の利益を侵害するものであり、行為地国の内的問題にとどまるものではないからである[11]。

　国内刑事裁判権と国際刑事裁判権との間に、管轄権の競合が生じることもある。この問題を解決するためにICC規程の場合に採用された方策は、補完性の原則である。つまり、国際刑事裁判所の裁判権の「補充性」という概念が導入されたのである。ICC規程によると、国際刑事裁判所は国家の刑事裁判権を補完するものにすぎず、決してそれを排除しそれに取って

代わるものではない。つまり、ICC 規程の対象犯罪についての裁判権は第一次的には管轄権を有する国にあるのであり、国際刑事裁判所は、その国が真正に訴追する意図または能力を欠くときにのみ、裁判を行なうことができる[12]。

行為地国の裁判所が、多くの場合、国際犯罪を訴追する意図または能力を欠くことが予想されるため、訴追意思を有する第三国は重要な役割を演じることになろう。従って、国際刑法の貫徹・実施が、今後とも国際刑事裁判所ではなく、主として国内刑事裁判所に担われ続けることは、確かであろう[13]。

Ⅳ 国際刑法の受容

前述したように、国際刑法の発展史上、ドイツと日本は重要な役割を演じてきたのである。極端な言い方をしてしまえば、ドイツ人と日本人抜きには今日の国際刑法は考えられない。このことについては、既に言及した、ニュルンベルク裁判と東京裁判という二つのテーマを想起されたい。

1 ドイツにおける国際刑法に対する受け止め方

まず、ドイツについて見ていきたいと思う。

戦後の（西）ドイツにおける、ニュルンベルク裁判をめぐる論議は、主として同裁判の弱点・欠陥が焦点となった。ドイツ連邦共和国創立後、世論の主流となった立場は明確であった。つまり、「いわゆる戦犯を恩赦せよ、ドイツ兵士に対する中傷をやめよ」などのような要求がなされたのであり、被告人たちは「連合国による勝者の裁きの被害者」とみなされた。その結果、ドイツ連邦共和国はニュルンベルクの法理を国内法に導入しなかったのである。従って、ナチス犯罪の訴追も、もっぱら行為時におけるドイツ刑法に基づいて行われていた。

さらに、東ドイツの態度もまたドイツ連邦共和国の国際刑法に対する批

第6部　刑法部会

判的な姿勢の増進に寄与した。なぜならば、東ドイツではいわゆるニュルンベルク諸原則が無条件に認められ、ナチス犯罪に対する訴追・処罰もそれに基づいて行われていたからである。しかしながら、歴史の皮肉ともいうべきことであるが、これらの東ドイツで行われた、人道に対する罪等を対象としたナチス裁判の多くは、その手続や事実認定の方法によっておのずから被告人たちの基本的人権を著しく侵害したのである[14]。

　西ドイツと東ドイツにおける、ニュルンベルクの法に対する態度をまとめるとするならば、西側では拒絶反応、東側では受け入れはしたものの、その法の悪用・乱用が際立っていた、ということになる。

　ドイツ連邦共和国のこのような拒否的な態度は、2002年までのドイツ刑法の不備の主な要因にもなっていた。つまり、国際法上の犯罪は、ほとんど把握されていなかったのである。国際法上の犯罪のうち、ジェノサイドの罪（民族謀殺罪）のみが規定されていた。戦争犯罪については、特定の構成要件は存在しなかった。ドイツ連邦共和国の刑法典には人道に対する罪に関する規定もなかった。侵略の罪についての規定はあるものの、その適用はドイツ連邦共和国が関与するケースに限られていた。

　現在では、かつての国際刑法に対する否定的な姿勢に代わって、国際刑法の肯定やドイツによる国際刑法の積極的な支持といった態度が顕著となってきている。今日において、ドイツは国際刑法の確立・浸透のためにさまざまな活動を展開しており、ここ数年、一貫して国際刑法の普及に寄与している。その例として挙げられるのは、旧ユーゴ国際刑事裁判所との協力や国際刑事裁判所の設立のためのローマ会議における交渉への積極的な参加である。このような積極的な姿勢は、既にドイツの国内立法においても反映されている。すなわち、「国際刑事裁判所との協力に関する法律」[15]と、とりわけ「国際刑法典」[16]がその証しであるといえる。2002年に施行された国際刑法典は、国際法上の犯罪構成要件を規定し、ドイツの裁判所がICC規程の対象犯罪を自ら訴追・処罰できるように、国内法が整備されたのである。

2　日本における国際刑法に対する受け止め方

　先に結論を述べることにしたい。今日の日本における国際刑法に対する受け止め方、とりわけ国際刑事裁判所の設立への対応は、日本が東京裁判に対して示した態度とパラレルな様相を呈しており、戦後初期のドイツ連邦共和国と同様に、懐疑的で消極的な姿勢がその特徴をなしているといえよう[17]。

　独立回復後の日本は、1952年の対日平和条約の規定に従い、1949年のジュネーヴ4条約を批准した（1953年）。しかしながら、これらの条約の国内立法化（国内担保法の整備）は永らく手付かずのまま放置され、自衛隊のイラク派遣等を背景に、2004年に行われた有事立法の一環として、ようやく実施されたのである。同様に、日本は同年になってはじめて4条約にかかる1977年の第一・第二追加議定書の締約国となった。その際、これらの条約の戦争犯罪など「重大な違反行為」に関する犯罪化義務を受けて、新たに四つの刑罰規定（例えば、「捕虜の送還を遅延させる罪」のような犯罪構成要件）を含む法律が制定された（2004年の「国際人道法違反処罰法」）[18]。しかし、これらの新しい構成要件の創設は決して国際法上の最も重大な犯罪が国内法上処罰可能となったことを意味しているわけではない。日本は依然としてジェノサイド条約にも国際刑事裁判所規程にも加入していない。ICC規程を実施するための国内法の整備に関する審議など、その他の立法措置についても、これまでのところ一切講じていない。ICC規程の対象犯罪の国内刑法体系への導入について、「国内法の整備が困難」だという理由で加入への積極的な姿勢は見えない。

　法学界による国際刑法の発展に対する受け止め方についてみると、概ね東京裁判修了後からローマ規程の成立に至るまでの形成過程およびその法典化の主要なステップについての概略的な叙述の域を出ないように思える。

　国際法学者の一部は、永い間、国際刑法なるものが果たして存在し得るのかという疑念を表明してきた。刑法学もまた、この法領域に対してそも

そも学問的な関心を向けずに、国際刑法を研究の埒外に置いてきた[19]。旧ユーゴとルワンダのための国際刑事裁判所についても、具体的な態度決定を控えて、主として「叙述的」な紹介の仕方しかなされてこなかった。

　国際刑事裁判所の設立のためのローマ会議の後に、ようやく、今日の国際刑法に対する一定程度の学問的な取り組みが開始された。今日においては、国際刑事裁判所規程によって提起された法的問題への「情報提供・情報紹介的」な関心は認められる。しかし、この種の新たな法的な問題が日本の刑事法制度にとってどのような特殊な帰結を含み得るのかについては等閑に付されている[20]。国際刑法の発展にとってのニュルンベルク国際軍事裁判の役割は重視される一方で、極東国際軍事裁判については特には検討は行われていない。総じて日本の刑法学界において優勢であるのは、現行国際刑法に対する、できる限り客観的ではあるが消極的で参与しない観察者の役割に徹したかのような自制的態度なのである。

　また、日本の国際刑事裁判所への不参加については、戦争放棄や戦力の不保持を規定する日本国憲法第９条が、とりわけ戦争犯罪等に関する国内法を整備するに当たって、大きな障害だとする議論すらある。

　さらには、ICC 規程への加入は究極的には「東京裁判の事後承認」と受け止められかねない、というような猜疑心も表明されている。現行国際刑法の国内法への受容に対する日本の消極的な姿勢の真の理由が、国内法の整備の困難さなど、法技術的な懸念に、というよりは、むしろ、東京裁判の法理に対する未だ継続する漠然とした抵抗感に求められるべきであるかどうかは、ここでは敢えてこれ以上立ち入って論じないことにする[21]。日本は、これまでのところ、アジアにおいて今日の国際刑法の普及プロセスのなかで率先的な役目を引き受けることについて特別な意欲を示していないことは確かであろう。この地域の国々のなかで、高度に発達した刑事法・刑事司法体系を有する法治国家として、日本がそのような役割を演ずることは決して見当はずれのことではないように思われる。

V おわりに——刑法学の課題

 最後に、刑法学の今後の課題に関して、若干の所見を申し述べておきたい。

 国際刑法は、文字通りの意味で、そしてまさにその生成プロセスの性質とその射程範囲においても、本研究集会の総合テーマに極めて近接する法領域の一例である。グローバル化は国際刑法に内在する、固有のものである。国際刑法の指導的理念、すなわち国際社会によって承認された最も重大な犯罪を世界全体に及んで一律均等に、かつ公平に処罰することは——日本とドイツの歴史的体験に鑑みればまさしく——支持に値するものである。

 国際法上の犯罪構成要件の内容形成およびその形成手続の正当性に関しても、井田報告で組織犯罪対策の領域に関わる国際協定について指摘されるような問題、つまり民主的コントロールや学問的な根拠付けの欠如は、ほとんど存しない。というのは、国際刑法は、慣習法上認められた、つまり、学問的に基礎付けられ国家実務によって承認された中核犯罪（コア・クライム）に限定されるからである。ICC 規程の内容の大部分は、さまざまな専門家委員会によって学問的な準備作業がなされ、その学問的土台に立脚している。なお、常設の国際刑事裁判所の創設のために永年にわたって世界規模で尽力してきた NGO の数多くの提案が採用されたことも付言しておく。

 既述のように、国際法上の刑罰権を貫徹・実施するためには、各国の支持が必要不可欠である。それは各国の立法者に対する挑戦的な課題のみを意味するのではない。ここにこそまさしく刑法学に——例えば国内履行法・実施モデルを練り上げていく際に——向けられる要請がある。この法領域における共通の土台、その素材の共通性のゆえ、刑法学者による国際的な、生産性のある研究協力の観点から考えれば、国際刑法ほど適切なも

第6部　刑法部会

のは他の刑法分野にはない、ということを指摘して、結びに代えさせていただきたい。

1　本稿において、国際刑法の概念は、国際刑事実体法と国際刑事裁判権の両者を包含する意味で用いられており、ドイツ語にいう"Völkerstrafrecht"、英語圏の"international criminal law"という呼称とほぼ一致している。国際刑法の定義・概念については、Werle, Völkerstrafrecht, Tübingen 2003, Rn. 71 ff；森下忠『新しい国際刑法』（信山社、2002 年）2 頁以下(序章)、拙稿「戦争犯罪・国際犯罪とは何か——国際刑事法を考える」三色旗 691 号（2005 年）2 頁以下を参照。
2　例えば、EU の財政的利益の保護を目的とした"Corpus Juris"をめぐるドイツの議論について、Hassemer, "Corpus Juris"-Auf dem Weg zu einem europäischen Strafrecht?, Kritische Vierteljahresschrift für Gesetzgebung und Rechtswissenschaft (KritV) 1999, 133 ff; Rasner, Erforderlichkeit, Legitimität und Umsetzbarkeit des Corpus Juris Florenz, Berlin 2005, 109 ff、また、日本における「共謀罪」をめぐる議論について、高橋則夫「国際組織犯罪防止条約と国内対策立法」法学教室 278 号（2003 年）15 頁以下・19 頁以下、松宮孝明「『共謀罪』および国際組織犯罪対策のための刑事立法の動向」法学セミナー590 号（2004 年）60 頁以下、内海朋子「共謀罪立法」・「共犯概念と共謀罪」法学セミナー616 号（2006 年）36 頁以下・38 頁以下を参照。
3　「ニュルンベルク国際軍事裁判所条例」（憲章）は、1945 年 8 月 8 日のロンドン協定の附属書（AJIL 39 (1945), Suppl., 257 ff にて掲載）である。東京裁判（極東国際軍事裁判所）の速記録および判決は、Pritchard/Zaide (Ed.), The Tokyo War Crimes Trial, 1981（全 22 巻）に収録されている。
4　これらの裁判所の設立根拠について、小長谷和高『国際刑事裁判序説〔訂正版〕』（尚学社、2001 年）67 頁以下を参照。判例集として、Klip/Sluiter (Ed.), Annotated Leading Cases of International Criminal Tribunals, Vol. 1-8, 1999-2005 がある。
5　Rome Statute of the International Criminal Court（ICC 規程），UN Doc. A/CONF. 183/9。同規程は、1998 年 7 月 17 日に、ローマで行われた「国際刑事裁判所の設立に関する全権大使国際連合外交会議」にて採択され、その後、100 ヶ国により批准され、139 ヶ国により署名されている（2006 年 6 月現在）。未だ加入していない国には、日本のほか、米国、中国、インドなどがある。現在の加入状況について http://www.icc-cpi.int/ を参照。
6　以下に挙げる国際刑法の諸概念の詳細な理論的根拠付けについては、主に Werle・前掲（注 1），Rn. 71-201 の先駆者的研究を参照されたい。なお、同研究を要約した邦文献として、ゲーアハルト・ヴェルレ著=フィリップ・オステン訳「国際刑法と国内刑事司法」刑法雑誌 44 巻 2 号（2005 年）131 頁以下がある。
7　国際刑事裁判所規程前文、1 条、5 条参照。
8　国際刑事裁判所規程前文 4 段・9 段、同規程 5 条参照。

162

9 国際刑事裁判所規程前文5段(「……犯罪の防止に貢献する」)参照。なお、旧ユーゴ国際刑事裁判所は従来の刑罰目的が国際刑法にも妥当することを明快に確認した(2000年1月14日判決〔Kuprescic et al., Trial Chamber〕, paras 848 f. 参照)。
10 国際刑法における刑罰目的については、Werle・前掲(注1)、Rn. 84 ff が詳しい。
11 Cassese, International Criminal Law, 2003, 284 et seq. 参照。
12 国際刑事裁判所規程前文10段、同規程1条2文後半、17条1項a、20条3項参照。
13 ヴェルレ・前掲(注6)135頁によれば、ICC の今後の役割は「予備的・応急的」なものにとどまるとされる。
14 いわゆる「ワルトハイム裁判」等。詳しくは Marxen, Die Bestrafung von NS-Unrecht in Ostdeutschland, in: Marxen/Miyazawa/Werle (Hrsg.), Der Umgang mit Kriegs- und Besatzungsunrecht in Japan und Deutschland, Berlin (BWV) 2001, 159, 169 ff. を参照。
15 刑事手続面での ICC に対する協力(司法共助等)を定める Gesetz über die Zusammenarbeit mit dem Internationalen Strafgerichtshof (IStGH-Gesetz), BGBl. I 2002, 2144 (2002年7月1日施行)。同法律の概要については戸田典子「国際刑事裁判所のための国内法整備〔短信:ドイツ〕」外国の立法215号(2003年)116頁以下・117頁以下を参照。
16 Völkerstrafgesetzbuch (VStGB)。この法律は、2002年6月26日に公布された「国際刑法典を導入するための法律」(BGBl. I 2002, 2254) の第1条によって制定されたものである(2002年6月30日施行)。国際刑法典の成立過程と条文内容について BT-Drucks. 14/8524 および BT-Drucks. 14/8892 を参照。同法典を詳細に紹介・検討するものとして Werle/Jeßberger, Das Völkerstrafgesetzbuch, JZ 2002, 725 ff.; Satzger, Das neue Völkerstrafgesetzbuch, NStZ 2002, 125 ff、邦文献には、拙稿「国際刑事裁判所規程と国内立法──ドイツ『国際刑法典』草案を素材として」ジュリスト1207号(2001年)126頁以下、同「国際刑事裁判所の設立と立法上の対応──ドイツ『国際刑法典』が日本に示唆するもの」(上・下)捜査研究608号(2002年)66頁以下・610号(2002年)62頁以下、戸田・前掲(注15)120頁以下、がある。
17 詳しくは Osten, Der Tokioter Kriegsverbrecherprozeß und die japanische Rechtswissenschaft, Berlin (BWV) 2003, 172 ff.。なお、日本の刑法学による東京裁判への対応につき、拙稿「東京裁判と戦後日本刑法学」萩原能久編『ポスト・ウォー・シティズンシップの構想力』(慶應義塾大学出版会、2005年)、85頁以下参照。また、戦争犯罪・国際人道法を中心に、日本における国際刑事法の受容につき、尾崎久仁子「日本における戦争犯罪の処罰について」村瀬信也=真山全編『武力紛争の国際法』(東信堂、2004年)、828頁以下も参照。
18 2004年6月18日公布の「国際人道法の重大な違反行為の処罰に関する法律」(平成16年法律第115号)第3条~第6条。
19 その例外として、安藤泰子『国際刑事裁判所の理念』(成文堂、2002年)、平川

宗信『刑法各論』（有斐閣、1995年）9頁以下（「戦争犯罪と刑法」等）、前田朗『戦争犯罪論』（青木書店、2000年）、H. Nishihara, Internationale Strafgerichtsbarkeit, in: Hirsch (Hrsg.), Krise des Strafrechts und der Kriminalwissenschaften?, Berlin 2001, 357 ff.、高山佳奈子「国際刑事裁判権」法学論叢154巻（2003年）1号1頁以下、2号22頁以下、などが挙げられる。

20　その例外には、愛知正博「国際刑事裁判所規程の刑法総則的規定」国際法外交雑誌98巻5号（1999年）132頁以下、真山全「国際刑事裁判所規程と日本」防衛学研究25号（2001年）32頁以下、田中利幸「刑事法の原理と国際刑事裁判所」国際人権12号（2001年）58頁以下、高山佳奈子「国際刑法の展開」山口厚＝中谷和弘編『安全保障と国際犯罪』（東京大学出版会、2005年）、3頁以下・18頁以下、尾崎・前掲（注17）845頁以下、などがある。

21　この点についてはOsten・前掲（注17）172, 182 f.、参照。

越境犯罪と刑法の国際化
―― 問題の素描 ――

井 田 良

Ⅰ はじめに

　刑法が国境を跨いで行われる犯罪にも対処しなければならないことは、すでに国家主権を前提とした近代刑法の成立の時点において自明のことであった。そうであるとすれば、越境犯罪が存在するということそれ自体が直ちに「刑法の国際化」を要請する理由になるものではないはずである。1907年に制定された日本の刑法典の第1条以下にも、刑法の場所的適用範囲に関する諸規定があり、幾度かの改正は経ているが、「属地主義を基本としつつ属人主義と保護主義とで補う」という基本的な考え方は維持されたまま現在に至っている。もし「刑法の国際化」の要請が真に理由のあるものだとすれば、そこには従来にはない、新たな状況が生じているのでなければならないであろう。そして、たしかに、そのような刑法の国際化を促す新たな事態は生じている（ないし生じつつある）と考えられる。
　その1つは、いくつかの領域において、従来の各国家およびその構成員の法益に還元できない超国家的な法益が形成されつつあり、その保護のために統一的な刑罰法規が要求される事態に至っていることである。この部分的な領域において、言葉の真の意味での「刑法の国際化」が問題となっており、国際社会ないし世界国家にとっての刑法が求められているといえよう。そのような超国家的法益としては、地球規模の国際環境、インター

第6部　刑法部会

ネットを通じてのコミュニケーションの安全[1]、生命倫理の領域における人間の尊厳[2]など[3]が挙げられる。さらに、単なる殺人や傷害の罪ではなく、ジェノサイドや人道に対する罪を裁く国際刑事裁判所は、「補完性の原則」を採っているが、対象犯罪のなかに国際社会、そして人類全体への脅威を見出し、そのことを理由に処罰するための超国家的な司法制度として創設されたものといえるであろう。

このような、各国の法益の単なる集積には還元できない超国家的法益の保護が問題となる局面では、生じ得る被害が甚大であるがゆえにかなり早期における刑法の介入が要求されるか、または、そもそも不可視的・抽象的な法益の保護が問題となる傾向がある。刑法を用いることがなぜ・どの限度で正当化され得るのかがここでは検討される必要が出てくる。

刑法の国際化を促す、いま1つの要因は、経済的利益を求める犯罪組織や、政治的・宗教的な動機にもとづき形成された集団が、国境を越えて犯罪活動を展開していることである。これらの国際社会にとっての「敵」に対しては、各国家が共同して対処する必要があり、その前提として、内容の共通した刑罰法規を用意し、とりわけ国際的な法規制のネットワーク中に空隙（ループ・ホール）が生じないようにすることが求められる。ここでは、生命、身体、自由、財産といった伝統的な法益の保護が目ざされるが、しかし、より効率的な法益保護の名目で、各国にとり従来はなかったような刑罰法規が要求される傾向がある。古典的な法益が問題となる以上、従来の刑法の原理・原則との整合性がテーマとされる。

以下においては、刑法の国際化が2つの局面を含んでいることに留意しつつ、まず国際化する日本刑法の現状について概観し（Ⅱ）、次いで、国際化の要請の中での刑法の変容に伴う根本的な問題のいくつかを指摘し（Ⅲ）、最後に、要約にかえて、現在における日本刑法学の課題について述べたい（Ⅳ）。

II　日本刑法の国際化——概観

　日本においても、刑法の国際化の要請は、とりわけ1990年代に入ってから、立法の領域で大きな意味を持ちはじめ、それまでかなり消極的であった刑事立法の活性化という顕著な傾向をもたらしている[4]。現在、国際化の要請は、被害者保護の要請と並んで、新たな刑事立法への最も強力な立法動機を提供しており、それらがこれまでの日本にはなかった立法の活性化現象を引き起こしている[5]。国際化の要請と被害者保護の要請のそれぞれは別個に法改正を促しているが、両者が相俟って刑法改正をもたらした例として、2003年の消極的属人主義の原則の(再)導入がある。これにより、日本国民が国外において、殺人罪、傷害罪、強盗罪などの人身犯罪の被害を受けた場合、犯人が外国人であった場合でもその所為につきわが国の刑法が適用可能となった。

　国際化のための新たな刑事立法への動きには、それぞれの領域ごとに積極的と消極的の濃淡がある。日本の立法者がこれまで国際的な動向に敏感に反応してきたのは、特に国際的な組織犯罪への対策、そして、それと密接に関わる経済刑法の領域である。組織犯罪への対応は、日本にとっても、最も重要な刑事政策的課題の1つとなっている。近年の日本では、外国人犯罪グループの関与する薬物の組織的な密輸・譲渡事犯、密航請負組織の関与する組織的な不法入国事犯、外国人グループによるクレジットカード偽造・詐欺または侵入窃盗の事件がかなり多発しているのである[6]。

　この領域における本格的な国際協調のきっかけとなったのは、1988年に国連で「麻薬及び向精神薬の不正取引の防止に関する国際連合条約」が採択されたことであった。日本ではこの条約の批准に伴い、1991年の法改正により、国際協力の上での薬物犯罪規制を強化するとともに、マネーロンダリング罪を新設するなど、薬物犯罪から生じる不正な収益を犯人に保持させないための諸方策を導入した。その後、国際社会の取組みは、よ

り一般的に組織犯罪対策に向けられることになった。日本も、国連や主要国首脳会議、政府間機関としてのFATF（金融活動作業部会 Financial Action Task Force）等の活動をうけて、1999年に組織的犯罪処罰法（「組織的な犯罪の処罰及び犯罪収益の規制等に関する法律」）を制定し、団体の活動として行われた殺人、逮捕・監禁、詐欺・恐喝等に対する刑を重くするとともに、マネーロンダリング罪の前提犯罪を薬物犯罪以外にも大きく拡大した。2001年と2002年には、国際テロリズムに対処するための2つの条約の締結に伴い、国内法が整備された。国連で2000年に採択された国際組織犯罪防止条約（TOC条約）については、すでに日本も署名ずみであり、国会でも承認されているものの、重大犯罪の実行の共謀のみで処罰する共謀罪処罰規定の導入をめぐって議論があり、刑法および組織的犯罪処罰法の改正が実現されておらず、批准には至っていない。ただ、本条約に伴う、人身取引（トラフィッキング）に関する議定書への署名にもとづき、2005年、監禁罪や拐取罪の刑を重くするとともに、人身売買罪等を創設する刑法の一部改正が行われた。このような迅速な対応の背景にあったのは、日本において人身取引の規制が十分でないという国際社会からの強い批判があったことであろう。なお、同じように日本に対する国際的な批判が迅速な法改正を促した領域として、児童ポルノの規制をあげることができる。

　経済刑法の領域については、1997年の「OECD外国公務員贈賄防止条約」の批准に伴い、1998年に不正競争防止法が改正され、外国公務員に対する贈賄行為が処罰されるようになった。また、主要国首脳会議（G8）の声明をうけ、2001年、クレジットカードやプリペイドカード等の支払用カード（特にその電磁的記録の部分）の不正作出・使用やその準備行為を処罰するための刑法の一部改正が行われた。サイバー犯罪対策については、日本は、締結国にコンピュータウィルスの製造を処罰することを義務づける「欧州評議会サイバー犯罪に関する条約」に署名しており、その批准のための国内法整備に関する刑法等の一部改正のための法案がこれまで国会

に何度か提出されたが、まだ成立には至っていない。

　さて、以上とは異なり、真の国際化が問題となる、超国家的法益の保護に関わる領域については、日本はあまり積極的であるとはいえない。環境保護については、日本は最も早い時期に未曾有の公害に悩んだ国であるから、1970年には刑事刑法としての公害罪法（「人の健康に係る公害犯罪の処罰に関する法律」）の制定により、公害により生命や健康を脅かすことが処罰されるようになり、それ以外にも、数多くの行政刑罰法規が存在している。しかし、公害罪法は殆ど適用されておらず、行政刑罰法規についても、廃棄物処理法を唯一の例外として、ごくわずかな数の違反事例しか認知・送検されていない[7]。これは日本において環境犯罪がもはや殆ど存在していないというのではなく、捜査機関による認知が困難であること、違反事実を認知した行政機関が捜査機関に情報を流すことに消極的であること、規制法規が不備であり時代遅れとなっていることなども原因として考えられようが、より根本的には、刑事司法機関において環境保護の領域での立件・訴追の意思が強くないことを示しているように思われる。国際刑事裁判所について言えば、日本は国際刑事裁判所規程の締約国の会合にオブザーバーとして参加してはいるが、国内法整備が困難だという理由で締結・批准への積極的姿勢は見えない。生命倫理の領域では、2000年、「ヒトに関するクローン技術等の規制に関する法律」が制定・公布され、人クローン、キメラ、ハイブリッドの産生につながる行為を禁止してこれを犯罪とし最高で懲役10年というかなり重い刑を定めた。ただ、この法律の背景には、人クローンの産生を禁止した上で、人クローン胚を用いた研究を可能にするための前提を築きたい（そうでなければ、日本の研究が世界の水準から遅れをとることになりかねない）とする研究者側の強い要求があり、それが「日本初の生命倫理法」と呼ばれるこの法律[8]の制定を可能にしたといえるであろう。

　以上で、きわめて不十分ながら、日本刑法の国際化の現状の概観を終え、次に、これを踏まえて、国際化に伴う刑法の変容がどのような問題をもた

第6部　刑法部会

らしているかを確認するとともに、これらの問題につき若干の検討を加えることにしたい。

Ⅲ　刑法の国際化に伴う諸問題

1　法益保護主義との衝突？

まず、超国家的法益の保護に関わる問題からはじめたいと思う。一国が被害者たるにとどまらない重大な法益侵害の危険に対応することが求められるとき、かなり早期における刑法的介入が要求される。環境犯罪や生命操作の領域において特に明らかなように、数世代後に生じ得る大きな被害を防止するため、現在の段階では侵害性が明白でない行為を処罰することが求められることもある。そのことは、21世紀の犯罪は「国境を跨ぐ」という意味で場所的に、しかも、「世代を跨ぐ」という意味で時間的に広がりをもって捉えられなければならないことを意味している。

処罰の早期化の傾向とともに生じているのは、法益自体の観念化・抽象化の傾向である。人クローン産生のような生命操作は「人間の尊厳に反する」という理由で処罰の対象とされる[9]。「人道に対する罪」のように可視的な法益侵害が存在する場合でも、それが「人類」に対して持つ脅威を理由に処罰の対象とされるとき、刑罰的介入の根拠は抽象化ないし精神化したものとして捉えられることになる。国際化された刑法は、国際社会における価値レベルの合意の形成ないし倫理形成の役割を、または、ひとまず形成された脆弱な合意ないし倫理の保持の役割を担うことまで期待されているように見える。

従来の刑法学においては、個人の行動が法益侵害性を有するときにのみ処罰が正当化される、とする法益保護主義が原則とされてきた。この考え方にもとづき、法と倫理とが分離され、純然たる価値判断の領域への国家権力の不介入が実現されるべきものとされてきたのである。刑法の国際化は、そのこととどのように調和するのであろうか。

この点については、刑法の介入を法益侵害があった場合に限定しようとする従来の思想は、国家の内部で個人の自由を保守的な観念により制約しようとする干渉主義を打破するために有効であることから広く支持されたのであり、国際社会において一定の行動基準を遵守させようとするところでは適用できない、と考えることもできるであろう。一定の秩序がすでに存在しているところにおける個人の自由の拡大と、これから秩序を形成しようとする場合における最低限の合意の確保とは場面が異なる。また、ここで問題となっている超国家的法益は、合意形成の容易な基底的な価値のことであり、文化的多様性とか地域的特性の尊重の要請と矛盾するものでないことも考慮すべきである。処罰の早期化について言えば、現代においては個人の行動の持つ法益侵害のポテンシャルがそれだけ拡大していること、いまそれを禁止しなければ、後にはもはや手遅れになるような事態が問題となっていることを指摘することができると思われる。

　このように見てくると、法益保護主義を理由として刑法の国際化傾向が批判されるとすれば、その批判は決定的なものとはいえないと思われる。とはいえ、この領域において伝統的な処罰の歯止めを否定するとき、功利主義的考慮にもとづく刑罰権行使に対し歯止めをなくしてしまうおそれがある。そこで、まず、当該価値の保護の必要性の明白さおよび犯罪化の決定に対する民主的コントロールの重要性に留意すべきである。そして、その行為を一般化したときにどのような事態が生じるかを勘案した上で、その種の事態の防止のために刑事制裁が適性を持つものか、そして、刑罰以外の手段による代替が不可能であるのかという見地からの吟味はこれを欠くことができないというべきであろう。そして、そのことは、これまで憲法・行政法の領域において議論されてきた「比例原則」が刑罰限定原理としてどこまで有用であるかの再検討を刑法学に要請するものである。今後は、このような意味においても、「憲法的刑法学」[10]の展開が望まれるのである。

2 特殊原理による一般原理の侵食？

　国際化の強力な動因となっているのは組織犯罪への対応の必要性であるが、国際協力による組織犯罪対策の推進は、刑法の内部に大きな緊張をもたらしているように思われる。私は、ここに刑法の国際化に伴う、第2の重大な問題があると考える。伝統的な刑法は個人の行為に対する個人責任の追及を中心とするものであった。そこで、組織的な犯罪の持つポテンシャルに十分対応できない面を持っていた。しかも、そればかりでなく、従来の刑法が共存する社会構成員の存在を前提としていたのに対し、組織犯罪においては、単に価値観が違うというだけでなく、もはや一般市民と共存することがおよそ不可能なほど、根本的価値観を異にする人々から成る犯罪組織、宗教団体、政治集団等を相手としなければならないともいえる。現代の組織犯罪に対しては、より効果的な対応という点からも、また、最初から共存を拒否する「敵」であるということからも、従来のような刑罰権介入の厳格な制限自体が根拠を欠くものと感じられることになる。

　以上の理由から、刑法は、共存可能な個々の市民を相手にする場合と、共存を拒否する組織犯罪者を相手にする場合とで基本的に異なった原理に支配されるものとなるというように二元化する可能性があり、そして、すでにある程度において否応なく二元化している[11]。私が特に問題だと思うのは、ここにおいて、組織的な犯罪集団への対応を目的として設けられた、従来よりも制約の緩やかな刑罰法規が、組織犯罪の局面に限らず、一般的な犯罪にも適用範囲を拡大するという現象が生じることである。もともと組織の活動として実行されることを予定した処罰規定であっても、適用を別にすることの技術的困難さから、また、取扱いの平等の見地から、さらには、立証の困難を救済し、規定の実効性を保つため、組織の活動として行われることを適用の要件としないことも多い。ここでは、組織犯罪を予定した立法に見られる例外的な原理が、通常の刑法の領域を支配する一般原理を侵食するという危険が生じ、これをどうくいとめるかが問題となる[12]。実務上、刑事司法機関に対し、真の組織犯罪にのみ適用を限定する

ように期待する、というだけでは十分ではない。一例として、組織的犯罪処罰法に規定されたマネーロンダリング罪（すなわち、組織的犯罪処罰法に規定された犯罪収益等隠匿・収受罪）をあげることができる[13]。その適用要件は、刑法の盗品等に関する罪（256条）と比較して相当に緩やかであり、組織犯罪とはいえない通常の犯罪に適用されるとき、処罰の範囲は必要以上に広いものとなっているように思われる。マネーロンダリング罪においては、犯罪の主体から本犯者はのぞかれないし、本犯について財産領得罪という限定はなく、客体は有体物に限られず、犯罪収益等ということで犯罪によって得られた物との物的同一性も必要ないのである。

3　法システムのパッチワーク化？

　組織犯罪対策が刑法の内部に緊張をもたらすことは不可避のことであり、このような二元化の傾向に抗うことは困難であるように思われる。例外原理の支配する領域をなるべく狭く囲い込んで、一般的な原理への影響を極力少なくするという処方箋しか書くことはできない。しかし、同時に重要なことは、上に指摘したような傾向が、実は次のような、より根本的な問題を含んでいることを認識することである。

　すでに組織犯罪対策との関係で述べたように、刑法の国際化は、必ずしも従来の国内刑法の原理・原則と整合的でない処罰規定を設けざるを得ないこととなる危険をはらんでいる。その際、効率性・便益性ということが正面に出て、早期に捜査機関が介入しやすく、また訴訟における立証の容易な規定が選ばれることになる傾向も無視できない。とりわけ、国際協調の観点では、共通の利益として意識されやすい法益が正面に出るから、どうしても経済的利益の保護に重点が置かれる。これらのことが、長期的には国内刑法に大きな変容を迫るように思われるのである。すなわち、これまでのように、統一的原理・原則により、ある程度体系的に整序された法システムから、各領域ごとに異なった原理・原則に支配されたものに変容していく可能性がある。このような傾向は、実は国際化の傾向とは別にす

でに存在している。国際的なスタンダード形成の影響は、そのような傾向をさらに助長・促進する可能性がある。将来の日本法は、それぞれの問題ごと、それぞれのケースごとに適切と思われる解決を積み重ね、社会の急速な変化にも柔軟に対応して、全体としては起伏に富み精彩のあるパッチワークのような法に変質していくことが予測される。そのことは、日本法にとってのモデルがドイツ法からアメリカ法へ転換することに対応しているようにも見える[14]。

4 法形成の手続と内容に関わる問題点

さらに私が指摘したい第4の問題は、立法の手続と内容に関わるものである。現在、条約の締結にあたっては、各国政府がこれに署名し、これを議会が承認して、国内法を整備した上で条約を批准するという手続がとられる。条約の内容については各国から派遣された専門家、日本の場合であれば法務官僚がこれに影響力を持ち得ることとなるが、実際のところ、条約署名の段階で基本的部分は決められ、あとは国内法整備にあたっての多分に技術的な問題が残されるにとどまるということになるおそれがある。私には、これまで刑法の国際化に関わる領域において日本政府が署名した条約について具体的な疑義がある訳ではないが、手続の正当性はそれとは別の問題である。今の手続のあり方は効率性の上ではやむを得ない面があるとはいえ、民主的コントロールという見地からは問題を含むものと言わざるを得ない。

立法の内容面についても、指摘したい論点が1つある。国内の刑事立法においてはその合理性を担保するため、新立法を支える十分な立法事実の存在が求められるのが通常である。しかし、とりわけ組織犯罪対策の場面では、国際的スタンダードの形成にあたり、各国の事情についてはある程度捨象される面があり、突出した例外的事象が強調される形でルールが作られる傾向がある。そこから、規制の効率性を重視したルールの形成が経験的裏付けを欠いたものになるおそれが生じる。さらに、それぞれの国に

は処罰の必要性を基礎づける十分な立法事実が存在せず、ただ国際的な法規制のネットワーク中に空隙が生じないように処罰規定を設けることが求められることもあり得る。そこで、刑法学者の一部からは、最近の刑事立法の傾向に対し、科学的根拠にもとづく刑事政策（evidence-based criminal policy）の見地から批判的見解も表明されているところである[15]。

Ⅳ　要約にかえて——刑法学の任務

　最後に、要約にかえ、今後の展望を示したいと考える。歴史を振り返ると、日本は西洋法の影響の下に法を近代化してきた。しばしば「外圧」という言葉も使われるが、明治期の西洋法継受や、第２次世界大戦後のアメリカ法の継受のような、パラダイム転換を含む大きな改革については、多分に強制の契機が含まれていたといえよう。ただし、そのおかげで、日本法は近代化され、合理化され、人道化された。強制の契機を含んだ外国法継受は、後進国の法を世界の水準にまで引き上げるものであった。

　現在の国際化傾向は、とりわけ刑法について見る限り、パラダイム転換を語り得るような、かなり根本的な変容を刑法にもたらすものである。従来の外国法の継受と異なるのは、当時のように、出来合いの法的ルールや法制度をただ受け入れれば足りるというものではなく、いまスタンダードの形成自体が取り組まれるべき課題となっているということである。そればかりでなく、日本は、国際的スタンダードをただ受け入れることを迫られているのではなく、それをともに形成することのできる立場におり、その責任をも負っているということである。

　しかし、日本がその経済的影響力に相応した、実質的な寄与をなし得るかどうかは、学問的な準備作業による下支えがあるかどうかにかかっている。国際化による刑法の変容の時代において、主体性なしにそれに迎合することは無責任な態度であろう。従来の原理・原則を自明の前提としてすべてに対し批判を加えるだけというのでは学問の名に値しない。しかし、

第6部　刑法部会

この分野においてバランスのとれた建設的な解決を見出すのはきわめて困難な課題である。日本の刑法学がドイツ法の庇護のもとから脱却し、今度はアメリカ法の庇護のもとに入るなどというのは論外であろう。21世紀における日本の刑法学は、国際的な学問のフォーラムにおいて独自の寄与を果たし得るものでなければならないのである。

1　この点では、とりわけ、日本政府も署名している「欧州評議会サイバー犯罪に関する条約」が重要である。
2　たとえば、2000年末に制定公布され、2001年に施行された「ヒトに関するクローン技術等の規制に関する法律」(クローン技術規制法) は、人の複製である人クローン、人と動物の細胞・器官の混在するキメラ、人と動物の受精により生じるハイブリッドの産生を禁止してこれを犯罪としてかなり重い刑を科すとともに、クローン・キメラ・ハイブリッド個体の産生を目的としない、これらの胚を用いた研究を規制する (すなわち、省令、指針に従うかぎりで許容する) ことを目的とする法律であるが、同法による人クローン個体等の産生につながる行為の規制の根拠につき、同法第1条は「人の尊厳の保持」を挙げている。
3　さらに、たとえば、OECD の外国公務員贈賄防止条約 (1997年) は、国際商取引における外国公務員に対する贈賄行為の処罰を求めているが、それは外国公務員の職務の公正を保護するためのものではなく、国際商取引における公正な競争という国際社会の法益を保護しようとするものである。
4　わが国の刑事立法の新動向の社会的背景については、思いつきの域を出ないものではあるが、井田「刑事立法の活性化とそのゆくえ」法律時報75巻2号 (2003年) 4頁以下において若干の指摘を行った。
5　これらを概観するものとして、法務総合研究所編『平成17年版犯罪白書』(2005年) 158頁以下がある。
6　警察庁編『平成16年版警察白書』(2005年) 176頁以下、190頁以下を参照。
7　2004年の警察統計をみると、廃棄物処理法違反の検察庁送致件数は3989件であるが、水質汚濁防止法違反が1件、大気汚染防止法違反が0件であり、環境関係事犯をすべて合計しても4377件にすぎない。警察庁編『犯罪統計書・平成16年の犯罪』(2005年) 418頁を参照。
8　町野朔「ヒトに関するクローン技術等の規制に関する法律——日本初の生命倫理法」法学教室247号 (2001年) 86頁以下。
9　前掲 (注2) を参照。
10　平川宗信「刑法の憲法的基礎について」『平野龍一先生古稀祝賀論文集』(有斐閣、1990年) 69頁以下を参照。
11　ここでは、言うまでもなく、二元化すべきであるという私の規範的主張を述べて

いるのではなく、現行法がすでにそうなっており、さらにその傾向を強めているという事実的確認を行ったにすぎない。そのような現実に対しどのように対応すればよいかが問題となっているのである。

12　しかし、逆にいえば、通常の刑法の領域を支配する一般原理がいわば桎梏になって組織犯罪に対し十分な対応ができないという問題についてどう考えるかが検討されなければならないのである。私には、ドイツにおいて、ヤコブスが、「市民刑法」と「敵刑法」とを対置して提起している問題（Günther Jakobs, Das Selbstverständnis der Strafrechtswissenschaft vor den Herausforderungen der Gegenwart (Kommentar), in: Albin Eser/Winfried Hassemer/Björn Burkhardt (Hrsg.), Die deutsche Strafrechtswissenschaft vor der Jahrtausendwende, 2000, S. 51 ff. を参照）の最も重要なポイントはここにあるように思われる。

13　この点について、井田「最近における刑事立法の活性化とその評価」刑法雑誌43巻2号（2004年）278頁以下を参照。

14　以上の点について、井田「法システムの『パッチワーク化』に抗う」三田評論1078号（2005年4月号）26頁以下も参照。

15　基本的考え方について、宮澤節生「最近の刑事政策関連立法・施策における政策形成過程の再検討——エビデンス・ベイスト・ポリシーの発想に基づいて——本課題研究の構成と背景」犯罪社会学研究30号（2005年）4頁以下を参照。

第7部　法曹養成部会

グローバル化が法曹養成に及ぼす影響

ハンス・プリュッティング
桑折千恵子 訳

I はじめに

　あらゆる人間行動と人の共同生活を規定する制度化された規則としての法は、あらゆる社会行動、従って同時にあらゆる公共体の中心的基礎をなすものである。故に今日の世界に対して法が持つ意義は、高く評価しすぎるということがないと言えよう。

　法というものはしかし、それを定め、解釈し、発展させ、適用する人次第で良し悪しが決まるのが常である。この単純な原則論から既に、法曹養成が極めて重要な位置づけにあることが明らかになる。

　法曹養成は実に長い伝統を有しており、千年近く前から、専らではないにしても基本的には大学において行われてきた。従って法曹養成の歴史が大学の歴史と密接に関連していることは偶然ではない。単なる授業の枠を越え、一定の自治を備えた教授と学生の連合体と言う意味での（教える者と学ぶ者の集合体としての）大学は、周知のように11世紀から12世紀に入る頃に、まず北イタリア（1088年、ボローニャの学生連合体として）とフランス（1100年前後、パリの教授と学生の連合体として）に生まれた[1]。これらの中心地に発して、時を経ずして各地に多くの大学が創設された。イタリアではボローニャの例に倣って、パドヴァ、パヴィア、ペルジア、シエナなどに法学部が設けられ、パリの流れを汲むものとしては、モンペリエ、

オルレアン、ツールーズ、アビニョンに法学部が設立された。また12世紀には、民法とカノン法を対象とする法学部がオックスフォードにも誕生した。

中世の法学の授業は、既に相当グローバルな傾向を見せていた。使われる法源（ローマ法大全、教会法大全）も共通なら、使用言語（ラテン語）も共通であったし、学問体系や方法論（注釈学派、後期注釈学派）も共通であった。これら三つの共通点を基礎に、12世紀以降、学問の場で法曹養成が行われ、それが15世紀に至るまでヨーロッパ全土に拡大したのであった[2]。

大学での法曹養成というヨーロッパ方式は、北イタリアとフランスの都市を模範として12世紀から14世紀にかけて発展し、周知のように全世界に広まり、19世紀には日本においても取り入れられた。こうした発展の中で、大学は理論的・学問的な知見を生み出し、伝えるのみならず、卒業者が社会で高い地位に就くことによって、つまりエリート養成と実践的な職業教育を行うことを通して、獲得した知識を実社会に応用することを常に重視していた。このような大学発展の根幹は、細部での変化はあったものの、連綿と続いてきた。近代の大学の歴史全体の中で、真の大変革が見られたのは、二度に過ぎないのではなかろうか。一度は1800年前後であり、もう一度は我々の現代である[3]。

18世紀末に旧来の大学が没落したことは数字にも表れている。1789年（つまりフランス革命の始め）、ヨーロッパには大学が143校あったが、1815年にはその半数、即ち83校しか残っていなかった[4]。1800年以降、再びヨーロッパの大学にルネサンス期が訪れ、世界の最先端へと発展するが、この時点からはヨーロッパ全体が同一の発展経緯を辿ったのではなく、多様な道に分かれていった。独特の方向へ進んだイギリスの例と並んで、主として二つの組織モデルが誕生した。フランス型とドイツ型である。フランス型の基本は、多種多様な専門大学を設置し、これらをパリに集中するという方式である。これに対してドイツ語圏では、今日フンボルト・モ

デルと称されることの多い、統合型の組織が作られた。理想的なケースでは、こうした大学に全ての学部が揃っていた。このような制度を象徴するのが総合履修（Studium generale）である。この総合大学（universitas）は教育と研究に同等の価値を置く、教育者と研究者の共同体であった。哲学者フリードリヒ・シュライヤーマッハー（1768年-1834年）の思想を基に、ヴィルヘルム・フォン・フンボルト（1767年-1835年）は1810年のベルリン大学創設のために尽力した。そこでは、直ちに応用できる知識や技能を教えることではなく、「常に認識の統一性と全体性を考慮した学問の理念を喚起すること」が課題であるとされた。この大学理念の基礎になっているのは、学問的な認識のプロセスは自由であるとする思想で、国が大学を監督し、純粋に機能的な教育を行いたいとする要望とは摩擦を起こさざるを得なかった[5]。

900年に及ぶ歴史と1800年前後の大変革を経て、今日我々はこうしたリベラルで自由な大学思想の根底的変化の最中にある。この変化はこれまでにない形で計画され、制御されていることが特徴である（グローバル予算、目標の合意、質に関する国家との協定、学長・学部長の縦の指示権限、第三者資金による方向付け、評価、パラメータに応じた予算配分など）。研究と教育の自由という原則は厳しい枷をはめられ、ほとんど学術性を奪われた教育課程に主役の座を譲らなければならない。こうした時代を象徴する言葉は（少なくともヨーロッパを見るならば）ボローニャ・プロセスである（Ⅵ章参照）。

Ⅱ　法曹養成におけるグローバル化？

1　背　景

既に示唆されているように、法学部における法曹養成は、当初からヨーロッパ全体に共通していた。その核心にある三つの特徴とは、共通の法、共通の言語、共通の方法論であった。しかしこれら共通の基盤は長い時を

第 7 部　法曹養成部会

経る中で失われていった。この過程で最も重要な意味を持つのが 18 世紀、19 世紀の国民国家誕生である。この動きと連動して、各国では新たな法典がそれぞれの言語で編纂された。従って当然にも、それぞれの国の法典を学ぶことにより、普通法の共通の法源と共通の学術言語ラテン語が解体されることになった。ただし、19 世紀に発展した共通の法学方法論、とりわけサヴィニー（1779 年-1861 年）によりその基本的な考えが示されている法の解釈と法の発展は、一定の範囲で維持された。

2　異なる制度
この方法論の原則の中でヨーロッパに三つの異なる制度が誕生した。
a）ドイツでは、法律とは別に条文に詳細な解説を加える方式が確立し、通常それらの成果は独立した書物（コメンタールと呼ばれる）として著される。このように学問的な解説を加えることで、実務と学説との密接なつながりが生まれた。また逆に、これに対応して、判決文や弁護士の陳述書は学問的な論点や異なる見解を引用して詳細にわたる形式となっている。
b）フランスでは統一的で広範にわたる加除式法令集（例えば Juris-Classeur de procédure civile）が一般的で、ここでは過去の判例についての考察は簡潔な註となっている。このような方式の下で理論と実践の乖離は明らかに増大し、そのことは逆に文献引用をしない簡潔なフランスの判決にも現れている。
c）イギリスの制度ではドイツ、フランスのそれと異なり、裁判所判決が先例として強い影響力を持つことが特徴である。従って、個別事件において判例の厳密な分析により判決を見いだすことが特に重視される。これに対して、判例に関する広範で緻密な学問的作業は、基本的にはほとんど知られていない。成文法は少なく、コメンタールも同様である。そのため、理論と実践は大きく乖離する。

3 傾　　向

　全体的に見ると法学の履修と法曹養成の動きは、グローバルであった世界と法学における共通言語を離れて、法学をそれぞれの国に限定し、各国言語の使用へと向かっていった。ヨーロッパ化とグローバル化から離れ、ナショナルな法学へ向かう動きは数世紀にわたって続き、19世紀、20世紀に各国法が継受されて行く過程も、こうした傾向に大きく抵抗することはできなかった。確かに、日本などに見られる19世紀末の広範な法源の継受は、約150年前にギリシャで、あるいは約80年前にトルコで見られた現象と同様に、今日まで影響を残しているグローバルなつながりをもたらした。しかし他方で、各方面からの影響の混在（特に、第二次世界大戦後）と、継受された法典の内国化が、グローバル化への傾向を明らかに弱めたのであった。とりわけ、1945年以降、米国法が取り入れられた世界各国において、こうした傾向が見られる。

4 新たなグローバル化

　つまり法のグローバル化という新たな傾向は、経済のグローバル化に影響された、つい最近の現象なのである。これは、例えば国際調停裁判権、主要な経済法規の相互調整（証券法、特許法、国際交通法）、並びに国際刑法（国際刑事裁判所の設立）などの領域で如実にみとめられる。今日我々が法の分野でグローバル化という言葉を使う時、既に現実となった状況の確認というより、むしろ将来に目を向けた時に我々の時代に突きつけられている課題であるように思える。現にヨーロッパにおいては、過去50年の間に新たな中間的法分野が形成されているし、国際的には国連とその下部組織などの世界法、および国家間条約による世界的な法規が近年大きく前進を見ている。

　法源がますますグローバル化するというこの動きに対して、法曹養成においては対応するグローバル化がまだ見られない。高々、裁判官としての能力を養成するための模擬法廷が、世界的に導入されている程度である。

また、法律実務研修が弁護士活動の実践的訓練として実施されるケースが多くなってもいる。確かに（少なくともドイツでは）、今や主要な法律言語（外国語）の法律用語研修を設けることが義務化され、実施される頻度も多くなっていることで、一定の前進と言えるであろう。しかし結局の所、法曹養成改革が遅れている背景には、未解決の根本的な問題がある。即ち、将来の法曹養成は極めて実践的な職業訓練であるべきなのか、あるいは、今後とも幅広い大学教育として（も）存続すべきなのかという問いである

Ⅲ　日独共通の歴史

　ドイツでは19世紀、長い歴史の中から統合型の法曹教育が確立した。こうした教育の根幹には、undergraduate教育を不必要と思わせるような、幅広い一般教育を伴った高校卒業資格を（大学教育の基礎として）持たせるという考えがあったし、現在でもそれは変わらない。従って、大学における法曹教育は、直ちに専門的教育をもって始めることができる。大学における法曹教育は概ね4年間を想定しており、一方で法制史、方法論、法哲学の基礎を習得し、他方で全ての主要な法分野（民法、刑法、公法）の基礎を徹底的に習得し、大学を卒業した法曹人があらゆる法律問題に自立して取り組むことができるようにと考えられている。このような法曹教育は、全国的な統一性と国による監督が望まれているところから、大学による卒業資格付与ではなく、国家試験により修了する。続いて、いわゆる司法修習による実務訓練が行われるが、これは以前は3年ないし4年であったものが、現在では通常2年から2年半である。過去において司法修習は、司法官養成という側面が非常に重視されていた。現在ドイツでは、司法分野が重視され過ぎている現状を是正し、特に、法曹養成においてあるべき弁護士の姿をこれまで以上に強調する方向へ大きな努力がなされている（いわゆる「弁護士志向の法曹教育」）。

　日本では19世紀後半にドイツ法が継受されたという周知の歴史的背景

から、日独の法曹教育は 1890 年から 21 世紀へ変わる頃まで、非常に似通った発展を遂げた。しかし、共通の法基盤にもかかわらず、法曹養成の成果は日独で著しく異なっている。特に顕著であるのは、裁判手続きの件数と内容、及び弁護士の数の違いである。例えばドイツでは、20 世紀、特に民法上の紛争という形で、社会の潜在的な対立を基本的には十分に処理する司法が発達した。これに対して日本では、長い間「2 割司法」という言葉が語られてきた。この表現は、一般的に民法上の紛争のせいぜい 5 分の 1 程度しか裁判手続きに進まないことを言っている。その背景にはさまざまな理由があるだろう。このような日独の発展の大きな差を語る時、一つの重要と思われる観点として、日本では深刻な弁護士不足[6]が認められ、ドイツではその正反対で弁護士過剰になっていることがある。日独の間で極端に異なる弁護士密度が、法曹養成の成果に差があるためであることは否定できないだろう。とは言え、名だたる日本の司法試験が始めから一定数の合格者しか出さない制度になっていることが、ここで特別な意味を持っているに違いない。例えば、1960 年から 1990 年までの間、日本の司法試験合格者は年間 500 名程度であった。その数は 1991 年に 600 名、1993 年には 700 名、1998 年には 800 名、そして 1999 年には 1000 名の合格者と、増加してきている。新制度である法科大学院の導入は、合格者数を抑制する政策を転換することが目的である。そして、政府の計画では旧司法試験を 2010 年頃まで継続し、その間に合格者の数を合わせて 3000 人まで引き上げる予定であり、その後は新制度の下で、引き続き年間 3000 人程度の法曹を養成するとのことである。ドイツでは逆に、法曹教育を終えた者全てに弁護士資格を認める方式を、弁護士資格の取得制限や弁護士補制度の導入、あるいは統合型法曹教育の方針転換などで、改めるべきか否かが議論されている。

　つまり今日的視点から見ると、日独の法曹養成の比較において、非常に興味深い動きが観察されるのである。養成課程や元来の教育内容は 1890 年以来、非常に似通っていたものが、日本においては米国法の影響

下でドイツとの共通点は次第に失われ、2004年の法科大学院制度の導入により、それが完全に放棄された。逆に、20世紀において共通していた養成制度は、長い時を経て著しく異なる結果を生むこととなり、21世紀初頭の今、明らかに相互調整が求められている。国家試験の合格者数を大きく増大させようとの日本の動きに対して、目下ドイツでは（弁護士活動との関連で既に述べたように）、養成課程にある学生の数を抑えようとしている現状を見ると、まさに相互調整が強く求められている。

Ⅳ　20世紀におけるドイツの法曹養成と2003年改革

　20世紀を通して長い間変わることのなかったドイツの法曹養成の中核にあるのは、統合型の法曹養成と、それぞれの段階の修了に国家試験を設けた二段階養成方式である。この基本的な考えに基づき、大学における4年程度の学術的な教育の中で、ドイツ法の核心部分を教えるとしており、その際、教育実践上の理由から、私法、刑法、公法の3つに分けることが常であった。こうした教育には各種の大きな法典が基礎となった（民法典、商法典、刑法典、行政手続法、その他の手続法）。税法、社会法、また経済私法、経済公法など、実務において極めて重要な特殊分野は対象外とされた。ただし1970年頃からは、ドイツでもいわゆる選択科目群制度の導入により、大学在籍中から実務において重要な意味を持つ前述のような特殊分野に、一定程度特化できるようにする試みがなされている。しかしながら、これら選択科目が国家試験においてほとんど意味を持たないことから、この改革も現状を大きく打破するほどの成果はもたらさなかった。

　第一次国家試験をもって修了する大学での学問的教育の他に、裁判所に設置されている国の試験機関の監督下に行われる司法修習による実務訓練制度が設けられた。第一次国家試験の合格者は全員、司法修習を受けられる制度である。従って、これまで第一次国家試験の合格者の90％以上が実際に司法修習を受け、第二次国家試験に合格していた。それは、法に関

わるほぼ全ての職業において第二次国家試験合格の資格が条件であったからで、それは今も変わっていない。第二次国家試験に合格すると「アセッソア（試補）」の称号が与えられ、いわゆる「裁判官資格」が得られるのである。

　こうしたドイツの法曹養成制度の有効性について長い議論があった後、連邦の立法者は2002年7月11日、法曹養成制度改革法（連邦法令集第I巻、2592）によって、制度全体の抜本的改革の枠組条件を定めた。法曹養成の責任を担う連邦各州は、この枠組条件を既に各州の法曹養成法の制定によって具体化している。例えばノルトライン＝ヴェストファーレン州では2003年3月11日、法曹養成法（ノルトライン＝ヴェストファーレン州法令集、315頁）を制定した。これに含まれる規定及びその他の州の規定は2006年7月1日に発効するが、司法修習に関する規定は2005年7月1日から既に実施されている。新制度の要点は、中間試験の義務づけ、大学での重点分野教育（これまでの選択科目に変わる全く新しい制度）、第一次国家試験を必須国家試験（全体の成績の70％を占める）と大学の重点分野試験（全体の成績の30％）に分けることなどである。この他新制度では、基幹的能力を身に付けさせることや法曹養成の国際化、そして弁護士志向の教育などの観点が盛り込まれた。ただし、従来の制度の法曹養成二段階方式と統合型の教育という方針は、変わることなく継承された。

　法曹養成のグローバル化の観点からは、一定のグローバルな手法が新たに導入、ないし強化されたことに、この改革の意義がある。例えば、基幹的能力を身に付けさせることや法曹養成の国際化、そして弁護士志向の教育などが挙げられる。その際、今日多くの優秀な学生が少なくとも半年は外国に留学している（エラスムス・プログラムを利用するなど）ことを押さえておく必要がある。逆に、民法、刑法、公法が国家試験の必須科目である点はほとんど変わっておらず、未だにドイツ法志向が強い。だが、新たに重点分野制度が導入されることで、国際法やあらゆる次元での法の比較の問題が、より積極的に法曹養成に取り入れられる可能性が出てくる。例

えばケルン大学法学部の第 6 重点分野は、「国際私法、経済法、手続き法」となっている。同じく第 7 重点分野は「私法史及び私法比較」である。第 10 重点分野は「国際法及び欧州法」、そして第 15 重点分野は「国際刑法、刑事手続き、実務関連刑法」となっている。

　この改革が今後のドイツの法曹養成に与える影響やその成果に関しては、まだ断定的な評価を加えることができない。とは言え、立法者は 2006 年 7 月 1 日という期限を、一切の経過措置なしに、厳しく定めたのである。この時点以降、全ての法学部学生は新法に従って学業を終え、国家試験を受けなければならない。従って、新しい法曹養成制度で実際にどのような変化が生じるかは、2007 年にも明らかになってくるであろう。特に関心を惹くのは、重点分野制度における新しい教育ではなかろうか。法律はこの重点分野を内容的には規定しておらず、一般的な目標設定のみである（ドイツ裁判官法、第 5 a 条第 2 項第 4 文参照）。それによれば、重点項目の履修は職業分野に注目し、学問的な観点から必須科目を補い、学際的・国際的な要素を取り入れて必須科目を学問的に深めるとされている。重点分野の具体的設定は各法学部に任されており、そのことで競争を強めるとしている。新制度に対しては、大学の法学教育の一部が初めて大学の行う試験で修了する制度となり、その成績が第一次国家試験の成績に反映されることから、大きな期待が寄せられている。

V　ヨーロッパ各国の動向

　これまでヨーロッパの法曹養成は、各国ごとに制度が大きく異なっていた。かなりそれぞれの国の法を重視する教育であったし、現在もそうである。しかし近年では、大半のヨーロッパ諸国で法曹養成改革への試みが強まっていることが観察される。

1　フランス

　フランスの法曹養成は、これまで多数のサイクルを持った多段階方式を特徴としてきた。先ず始めに全ての学生は一般基礎を内容とする2年間の課程を履修し、これを Diplôme d'Etudes Universitaires Générales（DEUG）の取得をもって修了する。その後、1年間履修すると Licence en Droit の資格、そして更に1年間履修すると Maîtrise en Droit の資格を取得することができた。Licence は一般的な法分野（民法、刑法、公法）の知識があることを証明し、Maîtrise はこの3つの基礎分野のうちの一つに専門化して取得された。この段階に続いて、Diplôme により更に追加の資格を取得することができた（DESS、DEA）。ヨーロッパにおける最近の動きを背景に、フランスでは目下、法曹養成制度を抜本的に改革しているところである。DEUG は全廃され、Licence と合わせて3年間の基礎教育となった。これに続いて2年間の Master 養成があり、従来の Maîtrise が DESS あるいは DEA への特化と結びつけられる。更に3年間履修し、修了すると博士号の取得となる。フランスの制度は、口頭で述べられる内容のみを重視することと、履修期間全体を通して各段階の修了試験が行われることが特徴である。ドイツの国家試験に匹敵する全般的な修了試験は存在しない。個々の試験と等級は、当該の試験の対象となる講義で扱われた内容のみを対象とする。

2　イギリス

　イギリスの法曹養成は Undergraduate と Postgraduate の二つの段階に分かれる。通常の Undergraduate では Bachelor を取得する3年間の教育が行われる。教育内容は、通常の法学の一般基礎である場合もあれば、法律の基礎の他に専門科目を一つ組み合わせることも可能である。試験は随時行われ、全教育期間に分散している。Undergraduate 課程を修了した後、更に1年間の Master 課程に進むことができる。この課程は通常1年間に限定され、学問的により深く、特定の専門分野に特化した教育を行う。

この他、イギリスの制度を理解するためには、例えば弁護士など多くの法律職種が、大学で法学を学ぶことを条件としていない点が重要である。

3　イタリア

イタリアでは1999年まで4年間の法学履修課程が存在し、試験は履修期間中随時行われ、カリキュラムは変更可能であった。この古典的な教育制度が1999年に変更され、3年間の基礎教育制度が導入された。この課程で職業能力が付与されるものとされているが、実際的な意味は全くない。3年間のこの基礎教育の上に、2年間の本科があり、ここで学生は個別分野を選択することができる。つまり旧制度と異なり、5年間で職業資格を伴う課程の修了となる。このような変化に加えて、旧制度と新制度の間で選択の可能性を与えていたため、イタリアでは1999年の改革が2004年に再び変更され、事実上、99年改革が撤回される結果となった。いずれにしても本科卒業後、イタリアでは弁護士やその他の法律職種のための養成課程が続き、これを修了することがそれぞれの職業の本来の資格となる。

4　中間のまとめ

このようにヨーロッパ各国の法曹養成制度はまちまちであるが、それでも米国で一般的に見られるような制度とは比較できない。米国ではCollegeでの4年間の教育と、Law-Schoolでの3年間の教育に分かれているが、Low-Schoolの3年間は始めからPostgraduate課程であり、従ってヨーロッパのBachelor課程と比較することはできない。全体的には、3年間で法律家を養成できるとするのは、その前段階としてCollegeで幅広い教育が行われることを前提にして初めて言えることなのである。追加的にMaster of Law（LLM）の資格を設けることは、米国では望まれていない。というのもMaster資格は法律職種に就くための条件になっていないからである。

まとめれば、ヨーロッパ各国で試みられている改革によっても、米国の

制度（従って日本の新制度とも）との一致はみられないということが確認される。

VI　ヨーロッパ化とグローバル化：ボローニャ・プロセス

1999年6月19日、欧州29カ国の教育大臣がボローニャで会合を持ち（1998年5月25日のソルボンヌ声明を踏まえた上で）、2010年までにヨーロッパ全域に統一的な大学の枠組を確立したいとする声明を発表した。そのために、Undergraduate課程とGraduate課程の、基本的に二つの履修課程からなる統一的な履修制度をヨーロッパに導入すべきとした。第一段階の履修課程は3年、第二段階はMasterを目指すもので、通常2年とされた。とは言え、ボローニャ声明は極めて一般的な内容に留められた。そのため、大方の見解では3年プラス2年の代わりに、4年プラス1年もあり得るようである。

その後、これまで継続されてきた会議（2001年プラハ、2003年ベルリン、2005年ベルゲン）で、この一般的な目標は再確認され、一部実施に移された。現在までに、欧州40ヵ国がボローニャ声明に同調している。

多くの期待が寄せられるヨーロッパのボローニャ・プロセスが如何に納得できる基本思想であっても、そこには重要な問題が出てくる。Bachelor課程とMaster課程の統一と同等性は、特に法曹養成の場では、まさに資格名称、履修期間、履修内容において保証されていない。これらは既に整合性が図られたとされているにもかかわらずである。詳しく検討してみるとヨーロッパ内でさえ統一性はないことが判る。特に目立つのは、米国の制度がボローニャ・プロセスの制度に適合できないことである。加えて、大半のヨーロッパ諸国では、必ずしも法学の分野でボローニャ方式を実施しておらず、むしろ、程度の違いはあれ伝統的な修了資格の選択が可能になっているのが現状である。その結果、始めの頃の調査で、フランスなどでは学生の98％が、引き続き旧制度の卒業資格を選択していることが明

らかになった。またイタリアでは、1999 年に大きく変更された制度が、早くも 2004 年には再び根本から変更された。これに対してドイツの場合、まだ完全には実施されていない（恐らく非常に優れた）法曹養成の新制度を、現時点で既に根本から変更すべきか否かという基本的な問題を抱えている。更にドイツの視点から見ると、3 年間の将来の Bachelor 課程が学問的な側面から構成されるのではなく、職業資格をもって修了するとされていることが問題である。このどちらの点についても、ドイツとしては受け入れがたいように思える。また、Bachelor 課程の卒業者の 25 ％から 30 ％程度しか、上級の Master 課程に進めないとする考えは否定されるべきである。そのような規定はドイツの法学部を大きく変容させ、基本的に Undergraduate 課程の教育を行う場へと変えてしまうであろう。そのような性質の学部になれば、将来、ドイツの法学部の国際的な影響力を減じることになりかねない。

　ボローニャ・プロセスの個々の問題点と並んで、ドイツから見ると、ヨーロッパにおけるこれまでのアプローチは統一をもたらさないし、更に言えば、将来の法のグローバル化という考えにも対応していないことを確認しておく必要がある。これまでヨーロッパで実行に移されたボローニャ・プロセスには多くの差が生じているが、法学履修の第一段階修了後で法律家の活動領域が広がった国は一つもない。特に目立つのはイギリスの例で、大学における法律教育は昔からボローニャ方式に対応している一方、他方で職業資格と大学の法学履修は法的にも、事実としても、関連性をもっていないのである。

　まとめれば、ボローニャ・プロセスは法曹養成にとっては誠実な考えとは言えず、正しくない。何故なら、形式的な一致を図ってもヨーロッパの法の統一は実現しないし、教育と実務の関連性を排除し、法学部を象牙の塔と化してしまうだろうからである。

Ⅶ 教育目標と成果

よく知られるスローガンであるグローバル化は、元々、目下の状況、乃至は現在の動向を描写しているに過ぎない。これに対して、法曹養成の実を挙げるためには、何よりも、目指す教育目標とそれを成功裡に実現することについて考えなければならない。その際、詳細における差異は別としても、意見に興味深い収束があり得ると思われる。我々は世界中で、心の底から法と正義を信奉し、人権と法治国家の原則、そして民主主義の原則を守り、問題を適切、かつ自信を持って処理し、自立してものごとを考え、法秩序全体を見る視点を堅持し、和解を旨とし、法のもたらす結果を熟慮する法律家を必要としているのではなかろうか。更に、裁判官としては独立、中立の立場を実践すべきであり、弁護士としては弁護する当事者のために熱心に闘い、しかも同時に客観性を失わず公正な姿勢を維持すべきである。そして最後の点として、全ての法律家は新しい法分野を自らの力で素早く理解し、そのことによって柔軟性を維持すべきことが挙げられる。このような要求は、法学の視点から見ると、冒頭に述べた問題と関連している。つまり大学における将来の法曹養成は単なる職業資格を付与すべきであるのか、あるいは学問の認識プロセスの自由という思想を堅持し、将来においても大学の一般教育であり続けるべきか、という問題である。これはつまるところ、研究者と彼の学問の自治と、それを利用したいという社会の期待との狭間にある緊張関係である。この問題とその正しい解決について、既にカントが思索を巡らせている。その解答としてカントは、国家自らの利益のために「無益な」研究を振興すべきであるという認識を持つ国家を構築することを要求した。逆に今日では、職業教育と国家の利益が強く押し出され、立法者が自治と学問の自由の価値を強調していることとは裏腹に、それが消滅しようとしている。法の基礎（法制史、法哲学、法理論、方法論、法社会学など）が、単なる意味論的な教育目標へと堕して

第 7 部　法曹養成部会

しまった。

しかし、まさに法と法曹養成のこれらの基礎こそが、将来においても、日独の異なる法曹養成制度の共通の基盤となるべきものなのである。

1　Vgl. *Grundmann, Herbert,* Vom Ursprung der Universität im Mittelalter, 2. Aufl. 1960, S. 17 ff.; *Weber, Wolfgang,* Geschichte der europäischen Universität, 2002, S. 16 ff.; grundlegend nunmehr *Rüegg, Walter,* Geschichte der Universität in Europa, Band I, München 1993.

2　Vgl. *Fried, Johannes,* Die Entstehung des Juristenstandes im 12. Jahrhundert―Zur sozialen Stellung gelehrter Juristen in Bologna und Modena, Diss. Heidelberg 1973: Forschungen zur neueren Privatrechtsgeschichte Bd. 21, Köln 1974.

3　Vgl. *Schelsky, Helmut,* Einsamkeit und Freiheit, Idee und Gestalt der deutschen Universität und ihrer Reformen, 1963.

4　*Rüegg,* Geschichte der Universität in Europa, Band III, München 2004, S. 17.

5　Vgl. Zu den Ausgangstexten den Sammelband: *Anrich* (Hrsg.), Die Idee der deutschen Universität, Darmstadt 1956; ferner *Jaspers,* Die Idee der Universität, 1946.

6　Vgl. dazu *Nakamura,* Festschrift für Heldrich, München 2005, S. 359, 363.

カンボジアの法曹教育に対する日本の貢献

相澤惠一

I はじめに

本稿は、我が国が政府開発援助（ODA）の一環として取り組んでいる、カンボジアの法曹教育に対する支援、その中でも特に、王立司法官職養成校における民事裁判実務教育の支援に関し、実施の経過、及び今後の課題と展望について紹介するものである。

カンボジアでは、現在、フランスの制度と類似した二元的な法曹養成制度がとられており、司法官、つまり裁判官及び検察官になるための試験及び養成教育と、弁護士になるための試験及び養成教育が、別々に行われている。このうち、裁判官と検察官の養成及び継続教育機関として、2003年11月に、王立司法官職養成校が開校し、現在、第一期研修生の研修が行われている。養成校における教育のうち、民事裁判実務教育について、カンボジアから我が国に対して支援要請があり、我が国が支援を行っている。一方、2002年に弁護士養成校が開校し、日本弁護士連合会が教育内容等に関する支援を行っている。

II 法務省法務総合研究所と法整備支援

カンボジアに対する法曹教育支援は、政府開発援助の中の、いわゆる法整備支援の一環として行われている。筆者は、法務省法務総合研究所[1]に

所属し、その立場から法整備支援活動の一端を担っているので、所属機関の業務の紹介と併せて、法整備支援とは何かについて簡潔に述べておきたい。

　法務総合研究所は、法務省附属の研修研究機関であり、我が国の刑事司法に関する実証的研究や、法務省の職員研修を行っているほか、発展途上国に対するいわゆる法整備支援として、外国が実施する法制の維持及び整備に関する国際協力を行っている。

　当研究所が行っている国際協力の歴史は比較的古く、初めは刑事司法の分野における国際研修協力から始まった。1961年に、日本国政府が国際連合との間で締結した条約に基づき、国連アジア極東犯罪防止研修所（アジ研、UNAFEI）[2]が日本に設立された。法務総合研究所は、このアジ研を管理運営する立場にあり、その運営を通じて、アジア・太平洋地域を始めとする諸外国の裁判官、検察官、警察官、矯正職員、保護観察官等に対する国際研修を実施している。

　一方、これと並行して、当研究所は、1996年から、アジアの発展途上国に対する民商事法分野における法整備支援にも従事している。当研究所の法整備支援の対象国は、ベトナムから、カンボジア、ラオス、ウズベキスタン、インドネシア等へと次第に広がっている。

　法整備支援は、大別して二つの分野を含んでいる。一つは、戦乱や政治的混乱により崩壊した国家体制の再構築や、計画経済から市場経済体制への移行に不可欠な、民法や民事訴訟法等の民事基本法典の起草支援である。二つ目は、法の運用を担う法曹の人材育成支援である。

　こうした法整備支援、とりわけ法典起草支援は、我が国の国際貢献として、国の総力を挙げて取り組んでいる事業である。学界からは、各大学の法学研究者、法曹実務界からは、法務省、裁判所、日本弁護士連合会、開発援助機関からは国際協力機構（JICA）など、さまざまな機関の関係者による共同作業として営まれている。

　また、法制度を動かすための人づくりもますます重要になっており、当

研究所は、支援対象国からの要請にこたえて、法曹の人材育成にも努力している。各国の法曹養成機関におけるカリキュラムや教材の作成を支援しているほか、裁判官が民事第一審裁判の判決書を起案する際の手引きとなる判決書マニュアルの作成、和解・調停の運営技術に関する支援なども、広い意味での人材育成支援ととらえて取り組んでいる。

　我が国は、かつて19世紀後半に近代国家を建設するに当たり、西洋の法を継受し、自国の社会と文化に適合する独自の法制度へと発展させてきた歴史を有している。その経験を基盤として、同じアジアに属する国々の法の発展に貢献することは、極めて意義深いものと考えている。

Ⅲ　カンボジアに対する法整備支援の取組み

　カンボジアの法曹教育に対する我が国の支援も、こうした法整備支援事業の一環として行っている。

　カンボジアは、長年にわたる内戦と政治的混乱の過程で、国の立法権が機能せず、社会秩序の基本である法律の制定や改廃が適切に行われない時期が長く続いた。また、同様の事情により司法制度が瓦解し、法曹の系統的養成が行われてこなかった。その後、1991年のパリ和平協定と、国連カンボジア暫定統治機構（UNTAC）による復興支援を経て、1993年から、カンボジア自身の手による復興と開発のための努力が続けられている。

　民主的な法治国家体制を構築するためには、統治の根幹をなす基本法典の立法と、公正で効率的な司法制度の確立と、法の担い手である法曹の養成が是非とも必要である。そのために、民法と民事訴訟法の起草支援の要請が、カンボジアから我が国に対してなされ、1999年から起草支援が行われている[3]。

　民法草案と民事訴訟法草案の起草作業は、我が国とカンボジアの双方の作業部会による共同作業として行われた。

　我が国では、JICAが中心となって、カンボジア法整備国内支援委員会

が組織され、その下に、民法作業部会と民事訴訟法作業部会が設置された。各作業部会は、我が国を代表する高名な法律学者が中心となり、そこに、裁判官や、弁護士、法務総合研究所の教官ら、法律実務家が加わって編成された。民事訴訟法作業部会については、本分科会の議長である竹下守夫先生が、部会の座長を務めていらっしゃる。

　一方、カンボジア側では、裁判官や司法省の幹部職員ら、カンボジアの法曹界を支える少数精鋭の逸材十数人を委員とする起草作業部会が組織された。

　草案の起草作業は、我が国の作業部会が原案を作成し、それを基にして、カンボジア側の作業部会との間で協議を重ねることによって草案の内容を練り上げ、確定していくという方法により行われた。こうした協同作業を通じて、民法草案と民事訴訟法草案は、いずれも2003年3月までに完成し、カンボジア側に引き渡された[4,5,6]。現在、カンボジア国内において、両草案を国会で可決成立させるために必要な手続が行われている。二草案のうち、民事訴訟法草案については、2005年7月に国会に上程されて審議が行われており、民法草案も遠からずこれに続くものと期待されている。

Ⅳ　カンボジアにおける法曹養成の重要性

　カンボジアにおいては、法曹の育成も急務である。我が国は、カンボジアから、法曹養成支援、特に民事裁判実務教育についての支援要請を受け、2004年から支援を行っている。我が国がカンボジアの法曹養成を支援することの意義は、二つの測面からとらえることができる。

　第1は、カンボジアの法曹人口の絶対数が不足していることへの対処である。現在、カンボジアの司法官、つまり裁判官と検察官は、合計193人である。このうち、裁判業務に従事している裁判官は121人、検察官は63人、司法省付裁判官が9人である。なお、女性は15人である。カンボジアの人口は約1,350万人であるので、司法官の人数の比率は、人口約7

万人に対して1人の割合であり、非常に少ない。なお、弁護士の人数は470人である。

　こうした法曹人口の絶対的不足は、カンボジアの過去の歴史によってもたらされた負の遺産である。1975年から1979年までのポル・ポト政権の時代には、法曹を含む多くの知識人が、粛正され、病に倒れるなどして、命を失ったと伝えられている。同政権の崩壊後も、系統的な法曹養成が行われなかったため、教師や公務員などを、正規の法学教育や訓練を施すことなく、裁判官や検察官として任命せざるを得ない状況が続いた。カンボジアの社会において必要とされている人数の、資格と能力を備えた法曹を育成することは、カンボジアにおける法の支配の確立にとって必須の前提条件であるといえよう。

　第2の側面は、我が国が起草支援を行っている民法草案及び民事訴訟法草案との関連である。これらの草案は、いずれも近い将来法律として成立することが見込まれており、そうなれば、その後は、カンボジアの民事裁判は、新民法と新民事訴訟法に従って運営されることになる。そのためには、新法典を適切に解釈適用し、裁判実務において使いこなすことができる法曹を一日も早く養成しなければならない。この分野における法曹実務教育を支援することは、両草案の起草支援を行ってきた我が国にとっての責務であり、また、大きな喜びでもある。

V　王立司法官職養成校の制度の概要

　王立司法官職養成校[7]は、2002年2月5日の勅令（ロイヤル・デクリー）によって創設された。研修生の研修期間は2年間であり、2003年11月から第一期研修生の研修が行われている。

　2005年の初めに、養成校とは別に、裁判所書記官養成校が新設されることが決定され、その両者を統轄する機関として、王立司法学院が設置された。そこで、現在は、養成校は、王立司法学院の一部を構成するものと

なっているが、この組織改編は、養成校への我が国の支援にとって実質的な影響を及ぼすものではないと理解している。

養成校の第一期研修生は55人であり、そのうち6人が女性である。55人のうち、50人が試験によって選ばれ、残りの5人は政府推薦枠によって選ばれた。両者とも、法学士の学位を有することが採用の要件である。

2年間の研修スケジュールは、3つの段階に分けられる。最初は、養成校の教室における8か月間の前期研修であり、次が、裁判所における12か月間の実務研修であり、最後が、養成校に戻って行われる4か月間の後期研修である。このうち、実務研修については、全国15か所の州裁判所で実施されている。この研修の全過程を通じて、民事裁判、刑事裁判、予審、及び検察についての実務教育が行われる。我が国は、このうち、民事裁判教育の支援を行っている。なお、刑事関係の科目については、フランスが支援している。

我が国による支援の内容は、民事裁判科目に関するカリキュラムの策定、教材作成、教官の指導体制の整備や、指導方法に対するアドバイスなど、多岐にわたる。

Ⅵ 養成校の抱える問題点

創設から間がない養成校は、まだ多くの弱点を抱えている。

第1は、常勤の教官がおらず、非常勤の兼任教官だけであることである。

現在、養成校には、15名の教官がいる。しかし、その全員が、現職の裁判官・検察官及び司法省の幹部職員であり、多忙な本業の合間を縫って教官業務に従事しているため、講義の準備や教材の作成に十分な時間をとることができない。また、教官たちが常勤の教授団を構成していないため、指導方針の決定や、教材の作成等に関して、教官相互間で十分に協議し、一貫した方針に従って教育を行うことが困難である。

第2は、教育カリキュラムが確立していないことである。研修生に対し、

いかなる内容を、誰が、どれだけの時間をかけて教えるべきかについての明確な方針が定められていないのである。他方、養成校に対しては、我が国とフランス以外にも、多くの国や国際機関から支援の申し出があり、それぞれの国や機関が関心を有する分野について講義が行われている。しかし、そのために、かえって、養成校の授業編成における一貫性や統一性が損なわれている面もあるようにうかがわれる。

第3は、研修教材が不足していることである。

Ⅶ　養成校に対する支援方針と支援体制

養成校に対する我が国の支援は、養成校における教育が、将来にわたり、カンボジア人教官の手により自立的に運営され、発展していくことができるようにするための基盤づくりに協力しようとの考え方で行われている。そこで、カリキュラムの編成や、講義内容の検討や、教材の作成等は、まずカンボジア側が主体的に素案作りを行い、我が国はその作業を前提として指導助言を行う、との方針で臨んでいる。

この方針に従って支援を行うため、カンボジア側に作業部会を設置した。作業部会は、養成校の教官である法律実務家のうちの主要な人物と、養成校のヴァン・パン校長の合計6人で構成されている。作業部会の委員は、民法草案や民事訴訟法草案の起草作業部会の中心メンバーでもあるため、起草作業への参加を通じて、両草案の解釈に関する知識と理解を深めており、将来は、この委員たちが、カンボジアにおける自立的な法曹実務教育の推進において、中心的な役割を果たして行くものと期待される。

また、我が国から、法務総合研究所の教官が、JICAの専門家として現地に派遣され、カンボジア側の作業部会と緊密に協力し合い、検討作業の促進に貢献している。

一方、この作業部会に対応して、我が国にカンボジア法曹養成研究会を組織した。我が国からの支援を行う際の視点は二つある。一つは、我が国

の裁判官、検察官及び弁護士の統一的養成機関である司法研修所が行っている民事裁判実務教育の制度と経験の中から、カンボジア支援のための示唆を得ようということである。二つ目は、カンボジアの民法と民事訴訟法の起草支援を通じて蓄積された両草案の解釈論に関する知識・理解を、法曹養成支援に活用しようというものである。こうした趣旨から、この研究会は、司法研修所の教官と、前述の民法作業部会及び民事訴訟法作業部会の委員であるベテラン裁判官を中心とし、これに弁護士と法務総合研究所の教官を加えた構成とした。

Ⅷ 具体的な支援内容

具体的な支援活動の内容は、次のとおりである。

2004年9月に、養成校のキム・サタヴィ前校長や教官ら合計7人を我が国に招き、司法研修所の見学等を通じて、我が国における法曹実務教育の実情を実地に見聞してもらうとともに、養成校の現状や問題点、今後の支援の方向性等について、両国の関係者間で率直な意見交換を行った。

また、2005年9月には、養成校のヴァン・パン校長と教官ら合計6名をJICAの本邦研修の制度により我が国に招へいし、日本側の法曹養成研究会の委員らとの間で、カリキュラムの編成や、教材作成の方針等に関する協議を行った。

2006年5月から開始される第二期研修生に対する指導方針と、それに対する我が国からの支援方針としては、次のことを予定している。これらは、カンボジア側作業部会と我が国との間で、第一期研修生に対する指導内容の再検討を行った結果に基づいてまとめられたものである。

第1に、民事訴訟法草案の下で行われる新しい民事第一審訴訟の手続の流れを教える必要がある。それには、モデルケースを用いて説明するのが有効と思われる。そこで、現在、カンボジア側の作業部会において、我が国から派遣されている専門家による指導助言の下、我が国の司法研修所で

使用されている民事訴訟第一審手続解説及び事件記録教材を参考にしながら、同種の教材の作成を目指して、執筆事項の検討や、原稿執筆の準備等を行っている。

第2に、第二期研修生に対しては、養成校の授業の中で、民法草案の解釈に関する講義や事例演習を行う予定である。カンボジアの研修生は、全員法学士であるが、大学時代には新民法草案についての教育を受ける機会がなかったため、是非養成校においてこれを行う必要がある。

第二期生に対する民法草案の講義は、我が国の専門家が協力して、カンボジア人の教官との共同講義として行う予定である。例えば、民法の講義を日本人が担当し、それに対応する民法の事例演習をカンボジア人教官に担当してもらうなどして、カンボジア人教官の実力を高め、将来はカンボジア人教官が自力で新民法の講義を行うことができるようになることを目指している。この講義のための民法事例演習教材も、現在作成中である。

第3に、裁判官として訴訟審理を適切に行い、良い判決を下すためには、当事者の主張する事実を、民法等の実体法が定める法律要件に従って分析し、争点を明らかにした上で、証拠に基づく事実認定を的確に行う手法に習熟する必要がある。そのためには事例演習が有効であり、それに用いる教材を作成することが次の課題である。

IX 今後の課題と展望

最後に、本支援活動に関する今後の課題や展望について一言しておきたい。

まず、課題としては、養成校の運営が今後とも安定的に継続されることが、我が国からの支援を行うための前提であり、この面でのカンボジア側の取組みの強化が期待される。具体的には、2005年12月で第一期研修生の研修が終了した後、引き続き第二期研修生の募集や入学に向けた手続が行われ、養成校の法曹養成活動が着実に継続されていくよう、関係当局に

おいて万全の措置が執られる必要があり、我が国からもそのための所要の協力を行う必要がある。

その上で、我が国からの知的支援の成果として、カンボジアにおいて法曹養成制度がしっかりと根を下ろし、同国の法の支配の確立に寄与する法曹を安定的に供給できるようになるとともに、こうした協力を通じて、我が国とカンボジアとの間の友好協力関係がますます強化され、発展することを念願している。

1　法務総合研究所の業務内容については、法務省のホームページ（http://www.moj.go.jp）を参照。
2　業務内容については、国連アジア極東犯罪防止研修所のホームページ（http://www.unafei.or.jp）を参照。
3　カンボジアに対する民法及び民事訴訟法起草支援の経緯と課題については、次の論稿がある。上原敏夫「カンボディア王国への民事訴訟法起草支援事業について」『変動期における法と国際関係（一橋大学法学部創立50周年記念論文集）』317頁（2001年）、竹下守夫「カンボディア王国民事訴訟法起草支援について」ICD NEWS（法務省法務総合研究所国際協力部報）2号1頁（2002年）、同「カンボディア民訴法典起草支援と法整備支援の今後の課題」法の支配129号（2003年）、上原敏夫ほか「（座談会）法整備支援の現状と課題——カンボディア民事訴訟法起草支援に携わって」ジュリスト1243号64頁（2003年）、森嶌昭夫「カンボジア民法草案の起草支援事業に携わって」ICD NEWS 11号4頁（2003年）、新美育文「ODA＝法整備支援の一斑①、⑥～⑩、ベトナムとカンボジアでの経験」時の法令1729号53頁、1740号57頁、1750号55頁、1754号62頁、1756号55頁、1762号54頁（2005～2006年）。
4　2002年10月15・16日にプノンペンで行われた、カンボジア政府に対する民法草案及び民事訴訟法草案の引渡記念セミナーの概要については、尾﨑道明「カンボディア民法・民事訴訟法起草支援、その画期的な成果」ICD NEWS 7号17頁（2003年1月）、及び「カンボディア記念セミナーにおける講演・スピーチ集」前掲同7号22頁を参照。
5　民法草案の内容に関しては、「カンボジア王国民法典草案」ICD NEWS 11号9頁（2003年）を参照。
6　民事訴訟法草案の内容に関しては、次の論稿を参照。上原敏夫「カンボディア王国民事訴訟法日本語条文案（判決手続編）について」国際商事法務30巻8号1055頁（2002年）、「カンボディア王国民事訴訟法日本語条文案（判決手続編）（1）～（40、完）」前掲同9号～33巻12号（2002～2005年）、上原敏夫「カンボディア

王国民事訴訟法日本語条文案（強制執行編、保全処分編ほか）について」前掲同34巻2号216頁（2006年）、「カンボディア王国民事訴訟法日本語条文案（強制執行編、保全処分編ほか）（1）〜（4）」前掲同3号〜6号（2006年）、「カンボジア王国民事訴訟法典草案」ICD NEWS 12号5頁（2003年）。

7　王立司法官職養成校の制度の現状、及び同校に対する支援の概要については、次の論稿を参照。三澤あずみ「カンボジアにおける裁判官・検察官養成の動向とその支援」ICD NEWS 18号1頁（2004年）、矢吹公敏・三澤あずみ「(報告) カンボジアにおける法曹養成支援」前掲同20号62頁（2005年）、柴田紀子「カンボジア王立司法学院長招へい」前掲同26号187頁（2006年）。

第 8 部　After Dinner Speech

Global Governance か、Good Global Governance か？

ゲジーネ・シュヴァーン
松原敬之訳

Ⅰ　Good Governance と人間の尊厳

　学問というものは、研究するにせよ教育を行うにせよ、成果を発表するにせよ、価値自由［wertfrei］にこれを行うべきである、ということを要求されるのが常です。その根拠として一番よく名が挙がるのがマックス・ウェーバーですが、これは当たりません。確かにウェーバーは、価値判断が学問的に正当化されない旨強調したわけではありますが、同時にまた、学問研究が常に、且つ必然的に価値判断を伴うものなのであって、それが問題設定を決めたり研究対象領域の定義にとどまろうが、或いはそうしたことと関連する研究・教育目的においてであれそうなのだということを強く主張していたからです。学問が規範的な面を内包することがこのように不可避であることに直面して、ウェーバーが重要と考えたのは、自身の価値判断を開示し、可能な範囲で根拠づけることでした。含意をそのように透明に示すことが、学問の成果を合理的にチェックし、理解する為の最善のチャンスをもたらしてくれるのです。
　学問の議論を続けてきた長い一日を終えた今宵、どちらかと言えばこれからは食事とお酒を楽しみたい、というのが本音でしょう。しかし、学会にディナースピーチは付き物の儀式ですし、ディナースピーチは、というよりディナースピーチも、学術発表が満たすべき基準を満たすものでなけ

ればならないのです。というわけで、これから global governance と good global governance について考えを述べるにあたり、まず冒頭で、この私の考えを導き出した価値判断を開示しておきたいと思います。まず一番基本的な方向性を与えているのが、ドイツの基本法や広く西側諸国の民主主義の根底にある人間の尊厳についての理解です。私の話の主眼は、governance の構造やそこに見られる行動主体の現在のあり方を見た場合に、good な governance、即ち民主的な governance という、全世界の人々に最大限且つ原則的に平等な権利を認めて、誰もが自身で決定権を持って、政治にも参加して、治安と公正と連帯の中で自身の生活を送ることを可能にするような governance に至る道を見出すことであります。私の言う good governance とは、そういう概念なのです。

　こうした願望をナイーブと思われる方も多いでしょう。しかし、私はナイーブさが新しい創造に欠かせないと思っているので、勿論手放しでとは言いませんがナイーブさを評価する者ですが、それとは別に、私が定義した good な生活を希求する願望は、それが何世紀にもわたり思想史を貫いてきたことは偶然ではなく、今日においても文化の違いを超えて世界の人々に共通するものである、と私は考えております。この意味で、私は文化が異なっても規範については共通性があると信じる普遍主義者ということになります。

　民主主義というものは、政治形態としても、そして人間の尊厳を大切にする生活の仕方としても、古代からのその長い歴史において常に、或る特定の地理的広がりに限定して展開してきましたし、全ての市民が民主主義に参加できる為には、見通しがきくくらいの範囲であることが望ましかったのでした。1989年以降グローバル化が著しく進み、これが、元々は或る地域の広がりに限定して正当化されていた民主主義というものを見直し、新たな実践をしていくという課題を我々につきつけたのです。というのも、東西冷戦が終わってからというものは、政治のパワーバランスがシフトし、技術の進歩によりコミュニケーション・ネットワークのグローバ

ル化も急激に進み、そして何と言っても経済分野のアクターが国境を越えてグローバルなトランザクションを行うようになったことにより、政治が規制を行ったり影響を及ぼせる範囲には限定がある一方で、国境を越えて政治的解決が求められる諸問題（環境保全、法の安定性、移民問題やテロ、汚職・腐敗への取組み）が存在したり、とりわけ経済面でグローバルアクターによる活動が行われるようになっている、という乖離が生じているからなのです。この乖離により、国民国家単位の民主主義が及ぶ範囲、決定能力は著しい制約を受けます。そこで卓越した重要性を持つと思われるのがグローバルな資本主義の経済ダイナミクスです。何故なら、それが政治も含めほかの全ての決定能力を呑み込んでしまうかに思われるからです。

今でもよく覚えているのですが、1968年以降の時期、多くの過激な学生達がドイツの戦後民主主義の価値に激しく疑義を唱え、決定は実のところ多国籍大企業という「資本」によって下されており、民主政治はその実体を隠すイチジクの葉に過ぎない、というマルクス主義的発想の主張を繰り広げました。それに対して私共戦後民主主義の信奉者は、民主政治というものが税制、財政、カルテル政策、労働法、社会政策を通じて経済の決定やプロセスに影響を及ぼし、公共の利益を図る力が十分にある、と反論したのでした。戦後ドイツの政治、とりわけ経済政策は、1920年代の世界経済恐慌やワイマール共和国時代の失業の頃と比較して、非常に成功していましたから、民主主義政治が成功を収めるチャンスというものへの根本的批判は定着するに至らなかったのでした。

あれから三十年以上経過し、今日我々は新しい局面と向き合わなければならなくなっています。とりわけ高い、手の施しようがないほどの失業率、そして国内でも、そして国際比較でも広がりつつある貧富格差です。経済のグローバル化により民主的な決定のやり方が知らず知らずに無力化していっているのです。

第 8 部　After Dinner Speech

Ⅱ　民主主義にとって危険な、グローバルな経済の越境化

　こうした危険は、個別の人とか動きに端を発するというよりも、我々が欲する、我々がほかに原則的に代わりとなるものを思い付かない、我々の世界の発展に欠かせない絶大なダイナミクスを発揮する、もう欠かすことのできない、しかし人間の生活を政治的に決定していく自由を次第に奪う、経済システムというものに端を発するものなのです。しかも、この経済システムは人間を手段と化してしまうことがその摂理なのであって、何故なら経済システムの成功を決めるのは市場において利益が上がるかどうかであり、それ故企業の計算においては生産者か消費者という立場としてしか人間は登場しなくなっているのです。
　このメカニズムの束縛からは、一人一人の雇用者も逃れることはできないのです。雇用者も、世界市場の競争に曝されている点では被用者や消費者と変わりないわけであり、いわゆる新興工業国や途上国の一部が激しく追い上げてきているという、原則的にはモラル上望ましいと思うべきことであり、経済的にも新しい市場、新しい購買力が生まれる点で良いことと思う、そうした事態が進む現状では尚更のことなのです。こうした状況では、従来の先進国の目は当然と言ってよいほど生産コスト面に向けられるのであって、新興諸国においては生活水準や社会保障水準が著しく低いことからこの生産コストも先進国に比べてはるかに低い額となっているのです。そうなると選択肢は、少なくとも一般に議論されているところでは、先進国が生産コスト、社会保障コストを大幅に下げて、労働法や社会保障のレベルを 100 年前の水準に引き戻すか、それとも生産拠点をコストが安い外国に移転するかのどちらかしかないと思われます。よって、多くの新興諸国は台頭が期待される一方で、EU を中心とする先進国は逆に衰退が見込まれる、というシナリオが生まれるのです。もし人々が悲観して内にこもってしまい、未来への信頼を失い、その為にドイツにとどまらずヨー

ロッパ全体の成長の条件である域内需要及び経済成長が引き続き下降を続ければ、先ほど申し上げた衰退というものは一層深刻なものとなる恐れがあります。

　この悲観的なシナリオのようになることを米国はこれまで回避できているわけですが、それは米国社会が将来への安心感という点でヨーロッパより遙かに頑健であることや、米国の経済専門家は次第に警告を発していることとはいえ、グローバルな覇権を手にしている国であることから殆ど無制限に借金ができるというのが理由です。しかしその米国においても、世界的な競争に対する不安が大きくなりつつあるのです。

　こうした競争が行われる状況では、企業家も大きな仕掛けの中の一歯車に過ぎず、自分の決定したことが人々にどんな影響を与えるとか外部コストが生じるなどに構っていられなくなりますし、それをできるだけ少なく抑えることもできないのであって、何故なら、誰もが無制限の賃金引き下げや思いのままの解雇、汚職・腐敗による市場のねじまげ、天然資源の破壊に歯止めが掛かるような、全ての競業者に適用されるような枠組みがないからなのです。

III　市場が政治の代わりとなるのか？

　そうした枠組みを設け、その遵守を保証する者がいるとすれば、それは誰であり、又は、どんな機関なのでしょうか。技術面でも経済面でもボーダーレス化している今日の世界において、経済主体が一国の政治による規制を免れ、そうしたことをまた世界市場が促進している現状にあっては、そういうことができそうなのは抽象的なグローバル国家しかないでしょう。そのようなグローバル国家は存在しないでしょうし、存在することは望ましくもないのであって、何故なら、政治や文化の多様性を無理矢理一元化してしまうことになり、もはや制御しきれないほどの権力が集中してしまうことになるでしょうから。

第8部　After Dinner Speech

　しかし、ひょっとしてグローバル化した世界ではそもそも政治は必要なくなる、ということになるのでしょうか。マルクスはエンゲルスと共に、事物の管理が政治にとって代わると信じていたのでした。或いは、市場がひとり全てを規定してしまえるということなのでしょうか。市場が機能するようにさえしておいてやれば、人々は良い暮らしができるのでしょうか。それとも、市場もまた自立してはおらず、市場が機能出来る為に欠かせないような前提条件に依存している、ということなのでしょうか。

　自由主義市場経済の父と称されるアダム・スミスも18世紀において既に、いわゆる「市場の見えざる手」が利害のバランスをうまく調整できるべく、国家の法制度や交通インフラ、教育、平和の保障、防衛安全の必要性を指摘しています。更に、元々道徳哲学者であったスミスは、その『道徳感情論』において、市民が基本的に連帯する為に皆が守らなければならないような、共通の道徳的基盤の存在を仮定し、分析しています。その背景にあるのは、共に経済活動をするには私利だけに基づくのでは駄目で、ハード面であるインフラも必要だし、制裁を設けた政治的な規制、広い層を対象とした教育、そして道徳観を共有する市民同士として相互に同感し合い、共感し合う能力が必要だ、という考え方です。それなくしては、さすがの「見えざる手」も機能できません。共同体の範囲が国民国家であれば、これはまだ見通しがききますし、歴史を振り返ってみても、良かれ悪しかれ統御することが可能です。これがグローバルなレベルとなると、私たちはどうすればよいのでしょうか。

　この問題の解決は私の見るところ、今後数年、数十年における政治の実務・理論の両面で決定的な意味を持つ課題であります。国民国家や国際的な政府間枠組み、国際会議やメディアイベント、グローバル展開している企業、NGO、国際的な法規及び裁判所、（国連のような）国際組織といったものから成るシステムが、事実上グローバルに機能しながら、しかし調整はとれていないわけですが、この global governance と呼ばれるシステムをどのように秩序立てて、連携を可能にし、good global governance を実現

Global Governance か、Good Global Governance か？／ゲジーネ・シュヴァーン

できるようにするには、どうすればよいのでしょうか。というのも、国内でも国際間でも至るところで社会格差が広がり、また、例えば環境分野、水資源、エネルギー分野で長期的政策を欠く中で、放縦なグローバル競争に支配されるままとなっており、同じくテロからの安全も確保したい今、もっと公正さ、もっと長期的な国民全体の利益を重視した政策、もっと民主的な市民参加、つまりは新しい民主政治を実現すべくこれらの問題を克服したいのであれば、我々には good global governance が必要なのです。

グローバルな民主政治では国内法の制裁措置は適用できないので、good global governance のシステムにおいては原則的に自主性に基づく取決めに頼らざるを得ないことになります。そうした取決めを結ばせるプレッシャーは、経済・政治面で責任を担うデシジョンメーカーの見識と、啓蒙の進んだ社会からのみ生じ得るものですが、そうした啓蒙の進んだ社会の一員として次第に国際的且つ非営利に活動する NGO が加わるようになってきているのです。

このことが、政治のパワーを規定するのにも影響を及ぼすのです。政治の決定を下す制裁力を伴ったパワーがもはや国家の独占でないとすると、相手方を克服し、屈服させることを本分とする、マックス・ウェーバーの理解するようなパワーはもはや十分に有効とは言えなくなります。それに代わって必要なのは、特定の人や目的に敵対するのではなく、他の人や機関とともに共通の目的を目指して同盟を結ぶ能力なのです。これが、有効なパワーであるとしてハンナ・アーレントが真のパワーと定義したものですし、そうでないものをアーレントは暴力と呼んでいるのです。何故なら、暴力は自主的な同意を求めることは念頭においていないものだからです。この論理は、道徳的な仮定ではなく、民主的な good global governance の全体としての目標を堅持しながら分析すれば当然の帰結と理解されるものなのです。

そうした建設的なパワーの行使にはグローバル企業にも大きい責任が課されるわけですが、その目標とするところは例えばコフィー・アナン国連

第8部　After Dinner Speech

　事務総長が提唱した「グローバル・コンパクト」に見ることができ、これに参加する者は定められた価値基準と行動規範を遵守する義務を負います。そこでうたわれている原則は、現在十箇条あり、国際的に宣言されている人権の尊重及び遵守、人権侵害を防ぐこと、組合結成の自由、団体交渉の自由の実効的承認、強制労働や児童労働の廃止、職場におけるあらゆる差別の撤廃、慎重且つ責任をもって環境と向き合うこと、その為の技術の開発、そして腐敗・汚職の撲滅となっています（cf. John Gerard Ruggie: Reconstituting the Global Public Domain: Issues, Actors and Practices, in: European Journal of International Relations (forthcoming), p.20）。

　行動主体となり得るのは、既に今事実上存在するものの、しかしまだ調整がはかれておらず、先に述べた価値や原則を旨としていないgovernanceにおいて行動している人達であり、この人達に次第にgood governanceを目指すことが自己の利益にもなるのだ、ということを分かってもらうことが必要です。正当化された政府や政府間組織、協力体の役割は、これからも正当化された政治決定を行うことです。しかし、これをもはや政府組織等が自らだけで準備することも、後からその実施状況を監視することもできなくなることが増えていくでしょう。そうした場合に、民主的に正当化はされていないが非常に影響力を有する行動主体であるグローバル企業や、同じく民主的に選ばれたわけではないけれども社会から高い信頼を得ているNGOが、決定を一緒になって準備したり、社会全体の為になる取決めを決定後に監視する際に、自らが享受している信頼を利用することにより、政府組織を手助けすることができるのです。

　その一例が、ここ数年の世界銀行の取組みであって、汚職・腐敗に手を染めた会社をその後入札から排除するなどして、good governanceの構築に次第に参加するようになってきています。そうした会社をあばくには、多くの国の市民社会のイニシアティブが必要であり、これにはしばしば市民も相当の勇気が求められます。

　もうお分かりのように、good governanceというのは完結したシステム

ではないわけですが、「一貫した」秩序なのであって、その主たる原則は人権・公民権の実現に向けられており、そのような秩序は英国において1215年のマグナ・カルタによって貴族達と王権との間で国民国家の枠組みにおいて法治主義の、後に民主主義の秩序の中核として締結され、その後数多くの有名な宣言や条約によって拡充されてきているものなのです。その秩序の中でも、例えば飛び地の統治領に関する権利や個別の古くからの特権を定めた個別の規則を見れば、今日のgovernanceと同様の寄せ集め状態であり、国民国家成立の前と後の政治秩序の違いに通じるものがあります。政治が国民国家として組織されていたような、シンプルに見通しがきく状態は終わりを告げたのです。脆弱性や複雑さはありますが共通性のある、そして出来るだけ拘束力のある価値観の下で、グローバル化のリスクは抑え、経済及び文化が豊かになるチャンスについてはこれを活かし、更に拡大していけるような生き方を、我々は学ぶ必要があるのです。

　私の見方が正しければ、これまで法学が描いてきた設計図や提言は、どちらかと言えば「ワーストケース」を想定してのものでした。私は［法学者ではなく］政治学者でしかないのを良いことに、「ベストケース」か、せめて「ベターケース」に賭けてみたいと思います。ご清聴ありがとうございました。

〈編者紹介〉

ハンス・ペーター・マルチュケ

1951年　ドイツ、バーデン・ヴュルテンベルク州のロイトリンゲンに生まれる
　　　　テュービンゲン大学、ジュネーヴ大学に学んだ後、
　　　　1977〜78年東京大学大学院外国人研究生
現　在　ハーゲン通信教育大学日本法研究所所長
　　　　同志社大学法科大学院教授

村上淳一（むらかみ じゅんいち）

1933年　京都に生まれる
1956年　東京大学法学部卒業
現　在　桐蔭横浜大学終身教授
　　　　東京大学名誉教授

グローバル化と法
──〈日本におけるドイツ年〉法学研究集会──

2006(平成18)年9月25日　第1版第1刷発行　5597-0101

編　者　　H.P.マルチュケ＝村上淳一
発行者　　今　井　　貴
発行所　　信山社出版株式会社

〒113-0033 東京都文京区本郷6-2-9-101
電話 03-3818-1019
FAX 03-3818-0344
info@shinzansha.co.jp

〒309-1625 茨城県笠間市来栖2345-1
電話 0296-71-0215
FAX 0296-72-5410
kurusu@shinzansha.co.jp

Printed in Japan　制作　株式会社信山社

ⓒH.P.マルチュケ＝村上淳一、2006．印刷・製本／亜細亜印刷・大三製本
出版契約No.5597-8-01010
ISBN4-7972-5597-8 C3332
5597-012-050-005
NDC分類324.520a009

原島重義先生傘寿

河内宏・大久保憲章・采女博文・児玉寛・川角由和・田中教雄 編

市民法学の歴史的・思想的展開

一九、〇〇〇円（税別）

第一部 市民法学の基礎理論
市民法の劣化を憂える——民法の「現代用語化」その他……清水誠／市民法学の法哲学的基礎——市民社会論と自由の実現……篠原敏雄／民法学と弁証法——山中康雄『市民社会と民法』をめぐって……高橋眞／わが国における概念法学批判と民法の適用における法の三段論法の役割——一つの覚書……田中教雄／ローマ法の継受……五十嵐清／啓蒙期自然法学から歴史法学へ——一八世紀初頭ドイツにおける理論教育の改革との関連において……石部雅亮／十九世紀ドイツにおける「理論と実務——シュテーデル美術館事件をめぐって」……野田龍一／サヴィニーと「法律解釈の一義的明晰性ルール」・断章！……児玉寛／サヴィニーの法史学講義……赤松秀岳

第二部 市民法学の諸問題
非営利法人の収益事業について——ドイツ民法を参考に——……河内宏／賭博のための金銭消費貸借……大久保憲章／「名義貸し」における当事者の確定と表見法理の解釈方法との関連において——上村一則／民法七〇九条「権利侵害」再考——法規範的請求権の独自性・序説——ヴィントシャイト請求権論の「光と影」——……川角由和／近代的保証概念論序説 第一部 古典期ローマ法における債務者無資力リスク分配法則の検討……遠藤歩／古典期ローマ法における有害土地の売買と解除……鹿野菜穂子／物権的請求権の独自性・序説——ヴィントシャイト請求権論の解釈方法との関連において……大河純夫／戦後補償裁判と除斥期間概念の再解釈方法との関連において……大河純夫／戦後補償裁判と除斥期間概念の女博文／ドイツ遺言執行者の相続財産の清算人的地位について——ドイツ民法典相続法部分草案とその理由書を手掛かりに——……篠森大輔／フリードリッヒ・カール・フォン・サヴィニー、法学の方法、そして法のモデルネ……ヨアーヒム・リュッケルト

原島重義先生略歴／研究業績／人名索引

信山社

広中俊雄 編著

日本民法典資料集成 全一五巻

第一巻 民法典編纂の新方針

【目次】
「日本民法典資料集成（全一五巻）」への序
全巻凡例　日本民法典編纂史年表
全巻総目次　第一巻目次
第一部　「民法典編纂の新方針」解説
　新方針＝「民法修正」の基礎
　I 民法調査会の作業方針
　II 甲号議案審議前に提出された乙号議案とその審議
　III 民法目次案とその審議
　IV 甲号議案審議以後に提出された乙号議案
　V
第一部あとがき（研究ノート）

来栖三郎著作集 I～III

【解説】室井三秀生・池田恒男・岩藤一憲・家森幸・增渕久・岡孝・利谷信義・零一・久留都茂子・三藤孝・山里生

I 法律家・法の解釈・財産法　1 法律家・法の解釈　A 法律家・法律家情習—フィクション論につらなるもの　2 財産法・判例釈（1）〔総・物権〕
　法の解釈における制定法の意義　3 法における擬制について
　いわゆる事実たる慣習と法たる慣習　4 法の解釈適用と法の運営
　民法における信義誠実と身分法　5 法の解釈における慣例の意義
　担保価値の範囲および方法に関する日独英法の比較研究　6 法における擬制について
　7 民法・財産法釈〔契約を除く〕
　8 民法・財産判例釈（2）〔債・その他〕
　B 民法・財産法釈〔契約を除く〕
　9 財産法判例釈（2）〔債・その他〕
　10 立木取引における対抗法について　11 債権の準占有と免責証券
　12 契約法と不当利得法

（一）〔総則・物権〕　13 契約法と不当利得法

II 契約法　14 契約法
　15 財産法判例釈（2）〔債・その他〕　C 契約法につらなるもの
　契約法の歴史と解釈　16 日本の罰法　17 第三者のためにする契約
　商人の取扱担保責任　20 民法上の組合の訴訟事実能力
　＊財産判例釈（2）〔債・その他〕　19 小売
　D 親族法　21 内縁関係に関する学説の発展　22 婚姻の無効と戸籍の訂正　23 波辺洋吉先生の自説開陳と硬直損害罪の離婚制度の研究
　〔紹介〕　24 養子制度に関する三つの問題について
　III 家族法　25 日本の養子法　26 中川等之助「日本の親族法」
　27 共同相続財産に就いて　28 祭祀地位　29 相税と分割帰属
　〔紹介〕　31 遺言の取消　32 Dieについて
　言の解釈　31 遺言の取消　32 Dieについて
　F その他、家族法に関する論文　付 略歴・業績目録

各一二,〇〇〇円（税別）

信山社